Helmut Reichling

ALLES IM KOPF

Ein Experiment mit künstlicher Intelligenz

Text: Helmut Reichling
Covergestaltung: Nicola Yilmaz
Umschlagabbildung: Nicola Yilmaz
Satz und Layout: Verlagshaus Schlosser
ISBN 978-3-96200-731-7
Druck: Verlagsgruppe Verlagshaus Schlosser
D-85652 Pliening • www.schlosser-verlagshaus.de

Printed in Germany

Inhalt

Vorwort

Das Experiment, welches ich im Folgenden beschreiben werde, zählt zweifellos zu den gewagtesten, gefährlichsten und gleichzeitig geheimsten wissenschaftlichen Vorhaben der letzten Jahre.

Unter ethischen Aspekten hätte es niemals in Angriff genommen werden dürfen.

Meine Kollegen wurden zur Verschwiegenheit verpflichtet. Nur ich selbst habe keine entsprechende Erklärung unterschrieben, denn bereits unmittelbar nach den Ereignissen bin ich in den Ruhestand getreten.

Als ordentlicher Professor unserer Hochschule war ich nicht unerheblich an diesem Projekt beteiligt und es tut mir leid, mit welcher Gründlichkeit alle damals verfassten Berichte, Aufzeichnungen und Notizen beseitigt wurden. Aus diesem Grund werde ich hier die Vorgehensweise und die Ergebnisse dieses Experimentes aus dem Gedächtnis rekonstruieren. Ich will, wenn auch unvollständig, so doch in Grundzügen das Projekt und seine unvorhergesehenen Auswirkungen aus meiner subjektiven Sicht für nachfolgende wissenschaftliche Generationen festhalten.

Ich nehme mir diese Freiheit, weil ich mittlerweile emeritiert bin und zurückgezogen an einem einsamen Ort lebe. Die Identität der beteiligten Personen werde ich verschleiern, indem ich ihre Namen anonymisiere.

Es ist nicht verborgen geblieben, dass die beschlagnahmten Aufzeichnungen an militärische Stellen weitergeleitet wurden, obwohl man uns versicherte, alle Unterlagen seien endgültig vernichtet worden.

Möge das, was ich jetzt hier niederschreibe, als Warnung dienen.

Die Voraussetzungen

Nur wenige wissenschaftliche Einrichtungen wären in der Lage gewesen, dieses Experiment durchzuführen.

Die Hochschule in Z., an der ich über 25 Jahre gelehrt und geforscht habe, zeichnet sich durch besonders zukunftsorientierte Studiengänge aus, wie Mikrosystemtechnik, angewandte Informatik und „Applied Life Sciences". Ich wurde dort als einer der Gründungsprofessoren berufen und pflegte stets engen Kontakt zu den Kolleginnen und Kollegen der anderen Fachbereiche. Als eine neu gegründete Hochschule waren wir vom Staat mit finanziellen Mitteln bestens ausgestattet. Unsere technischen Ausrüstungen und unsere Labore präsentierten sich auf dem neuesten Stand. Viele namhafte Wissenschaftler standen im wahrsten Sinne des Wortes Schlange, um einen Ruf an unsere Universität zu erhalten. Wer es geschafft hatte, war bereit, diese Auszeichnung durch besonderes Engagement in Forschung und Lehre zu rechtfertigen. Wir waren von Anfang an ein junges und motiviertes

Team, untereinander gut vernetzt, und nicht wenige unserer ehemaligen Doktorandinnen und Doktoranden haben heute eigene Lehrstühle an altehrwürdigen und hoch angesehenen Universitäten im In- und Ausland.

Alles begann ganz harmlos.

Einer unserer Studenten, mittlerweile hatte er an einer großen Universität promoviert und arbeitete an einem bedeutenden Institut in M., hielt anlässlich eines Jubiläums des Fachbereiches „Mikrosystemtechnik" einen Vortrag in der Aula unserer Hochschule. Der junge Mann hatte sich eingehend mit Behandlungsmethoden für Patienten mit Paraplegie, also sogenannter Querschnittslähmung, befasst. Vor einem Fachpublikum berichtete er von sehr guten Therapieerfolgen durch EMG-getriggerter funktioneller Elektrostimulation. Ihm als Mikrosystemtechniker und seinem Team sei es sogar gelungen, mithilfe von Biomasse an den zerstörten Nervensträngen einen Kontakt zwischen den geschädigten Teilen des Rückenmarks wiederherzustellen. Es sei eine echte Herausforderung gewesen, zigtausende von Nervenbahnen miteinander zu verbinden. Erste Versuche verliefen sehr vielversprechend. Die behandelten Patienten hätten nicht nur wieder ein Gefühl für ihre Beine entwickelt, sondern es seien auch vorsichtige Gehversuche möglich geworden. Allerdings wären diese Bewegungen noch sehr unkoordiniert. Eine deutliche Verbesserung habe der Einsatz eines Mikroprozessors gezeigt, der an der Verbundstelle implantiert wurde. Die dadurch stimulierten Bewegungen seien freilich noch sehr „roboterhaft“ und die Steuerung verbesserungsbedürftig. Künftig müssten spezialisierte Informatiker die Grundlagen der menschlichen Bewegungsabläufe in entsprechende Steuerimpulse einarbeiten.

Unser einstmaliger Absolvent betonte die Notwendigkeit der interdisziplinären Forschung zwischen Mikrosystemtechnik, Humanmedizin und Medizininformatik. Am Ende seines Vortrages versäumte er es auch nicht, seiner ehemaligen Hochschule zu danken, die ihn gerade wegen dieser Kombination und der engen Verknüpfung der Fachbereiche zu solchen Forschungen angeregt und befähigt hatte. Die Anwesenden applaudierten alle sehr beeindruckt und ermutigten den jungen Mann, sich über dieses Thema zu habilitieren.

Besonders meine Kollegen vom Fachbereich „Applied Life Sciences“ waren begeistert. Dieser Studiengang ist an unserer Hochschule einzigartig. Wir haben zwar keine medizinische Fakultät wie andere Universitäten, doch Professoren der Medizin, die keinen Vergleich mit ihren Kollegen an den traditionellen medizinischen Fakultäten scheuen müssen. Wir bieten bei uns eine Ausbildung für forschungs- und anwendungsorientierte Studierende mit Interesse an den Fachgebieten Biologie, Medizin oder Pharmazie. Zusätzlich zu diesen Themen werden die Zukunftstechnologien Mikrosystemtechnik und Nanotechnologie in ihren Anwendungen vermittelt. Hervorragend ausgestattete Speziallabore stehen für die Ausbildung sowie für Forschung und Entwicklung zur Verfügung.

Das Thema „Technische Verbundsysteme im menschlichen Organismus“ schien geradezu maßgeschneidert für unsere Hochschule zu sein. Doch gerade in diesen exzellenten Voraussetzungen entwickelte sich ein Projekt, das die gesamte Menschheit an den Rand ihrer Existenz bringen sollte.

Vielleicht muss ich hier auch erwähnen, wie weit wir mit unseren Forschungen zu diesem Zeitpunkt bereits waren: An der Hochschule in Z. wurden Elemente aus Biomasse entwickelt, die es ermöglichten, menschliche Nervenfasern zu verbinden. Es war in unseren Laboren gelungen, mit den Methoden der Nanotechnik Hunderttausende elektronische Kontakte auf engstem Raum miteinander zu verknüpfen. Auch der kleinste flugfähige Hubschrauber der Welt war in unseren Werkstätten entstanden. Er hatte die Größe einer Hummel, war in der Lage, frei zu fliegen, aber mit einem dünnen Platindraht befestigt, denn beim Ausfall der Steuerimpulse wären rund 150.000 Euro einfach davongeflogen.

Prof. Dr. Dr. M., der Dekan des Fachbereiches „Applied Life Sciences", war bekannt dafür, dass er in seinen Forschungen schon Jahrzehnte, wenn nicht Jahrhunderte vorausdachte. Er schwärmte von den Möglichkeiten, die sich durch die nanotechnische Optimierung des menschlichen Organismus eröffnen. Nicht allein kranken Menschen würde so geholfen werden, sondern es könnte irgendwann gelingen, nicht nur den Körper, sondern auch die intellektuellen Fähigkeiten auf einen Stand zu bringen, von dem wir heute noch weit entfernt sind.

Meine Kollegen aus dem Fachbereich Informatik lächelten über eine solche Vision. Ihr Ziel war es nämlich, ihre Computer so weit zu bringen, autonome Anpassungen an den Programmen und Algorithmen vorzunehmen, selbstlernende Systeme zu entwickeln und schließlich eine KI, eine künstliche Intelligenz, hervorzubringen, die den Namen wirklich verdient.

Die einen wollten den Menschen zum Computer machen und die anderen den Computer zum Menschen.

Zu dieser Zeit wurde auf hohem wissenschaftlichem Niveau diskutiert, auch manchmal ganz unstrukturiert vor sich hingeträumt: Könnte es gelingen, eine rechnergestützte künstliche Intelligenz mit dem menschlichen Gehirn zu verbinden oder anders herum, das menschliche Gehirn mit Hilfe der Technologien der künstlichen Intelligenz zu optimieren? Wäre die medizinische Nanotechnik irgendwann in der Lage, ein Steuermodul zu implementieren, das es gestattet, das Gehirn mit externen, rechnergestützten Informationen zu versorgen? Professor P. meinte, es sei im Grunde vom Verfahren nichts anderes, als wenn ein Studierender mithilfe einer Kamerabrille in der Klausur die Fragen an einen Helfer außerhalb des Prüfungsraumes übermittelt und dieser ihm die Antworten durch einen WLAN-Miniohrhörer zuflüstert. Ein Verfahren, das an unserer Hochschule ebenso verbreitet wie aus der Sicht der Studierenden erfolgreich war.

Schon wurde über eine Brille mit Datenfeld spekuliert, die drahtlos mit einem externen Rechner verbunden ist, und mit deren Hilfe Seiten aus dem Vorlesungsskript oder einem Buch abgerufen und als Bild in die Brille übertragen werden können. Die Steuerung erfolgt über den Wimpernschlag oder die Bewegung des Augapfels.

Aber diese Methode war in den Augen unserer Techniker bereits veraltet. Sie dachten an etwas Neues: Die direkte Verbindung von Mensch und Computer, die Rechnerschnittstelle im Gehirn.

Irgendwann wurde aus solchen Träumereien, den Diskussionen und dem Erfahrungsaustausch ein konkretes Vorhaben: Das Experiment „Externe Intelligenz".

Das Projekt war schon ziemlich weit gediehen, die Projektfinanzierung durch das Ministerium und Institute, die mit unserer Hochschule seit Längerem kooperieren, gesichert, als ich zum ersten Mal in die Vorbereitungen eingeweiht wurde.

Heute muss ich sagen, mir wäre es lieber gewesen, ich hätte nie davon gehört.

Ich bin kein Mikrosystemtechniker und auch kein Informatiker. Ich bin Verhaltensforscher und mein Spezialgebiet ist die quantitative Verhaltensforschung, also die apparative Messung des menschlichen Verhaltens mithilfe unterschiedlicher Labormethoden. Ich gehörte eigentlich dem Fachbereich Betriebswirtschaftslehre unserer Hochschule an und wurde bisweilen an den Fachbereich Informatik „ausgeliehen". Im Vorlesungsverzeichnis stehe ich dann mit Inhalten wie Medien-Marketing, Medienpsychologie, Marketing mit digitalen Medien oder Konsum- und Verhaltensforschung. Ich bin also einer der von den anderen Fakultäten verachteten Betriebswirte. Eine angesehene Universität hat mich mit einer Arbeit zur Verhaltensforschung promoviert und ich kann ein abgeschlossenes Psychologiestudium vorweisen, das ich mit einem Diplom in Betriebswirtschaftslehre ergänzt habe.

Viele Verhaltensforscher, die sich mit der Wirkung von Medienreizen und dem kommerziellen

Marketing befassen, landen sehr schnell bei den Wirtschaftswissenschaften. Für die traditionellen Psychologen der Universitäten ist die Konsum- und Verhaltensforschung ein Teufelszeug. Sie glauben, wir würden lehren, wie die Konsumenten durch Medien und Verkaufstricks zu noch mehr Konsum verleitet werden, und lehnen uns als manipulativ und nicht objektivistisch ab. Vielleicht haben sie damit auch in gewissem Maße recht.

Bei den Betriebswirten geht es den Verhaltensforschern nicht besser. Seit den Schriften von Erich Gutenberg muss in diesem Fach alles quantifizierbar, mit Zahlen auszudrücken und rechenbar sein. Die Lehren seines wissenschaftlichen Gegners Konrad Mellerowicz und dessen verhaltensorientierte Ökonomie halten meine Kollegen in der Betriebswirtschaftslehre für eine esoterische Grenzwissenschaft. Mein Ziel war es, beide Theorien zu verbinden, indem ich versuchte, das menschliche Verhalten durch Laborexperimente zu quantifizieren. Dazu standen mir an unserer Hochschule die besten Geräte zur Verfügung, mit denen meine Assistentinnen und ich bahnbrechende Erkenntnisse über die Mechanismen des Verhaltens sammeln konnten.

Eine große Genugtuung war es für mich, als der erste und bisher einzige deutsche Nobelpreisträger für Wirtschaftswissenschaften, Prof. Dr. Reinhard Selten, mein Labor besichtigte. Dieser geniale Mensch war Mathematiker und kam aufgrund seiner Berechnungen zu den gleichen Hypothesen über das menschliche Verhalten wie ich. Die von mir entwickelte „Theorie der 1000 Punkte Frau“ basiert auf seinen Anregungen.

Es war ungefähr zwei Jahre vor meinem Ausscheiden aus den Diensten der Hochschule, da bat mich Prof. Dr. Dr. M. zu einem Gespräch in sein Büro. Zunächst wollte er meine Zusicherung, alles, was er mir nun erzählen würde, müsste streng vertraulich bleiben und sollte den engen Kreis einiger ausgewählter Professoren nicht verlassen. Dabei erfuhr ich zum ersten Mal von dem Projekt „Externe Intelligenz“. Bei der Beantragung der Fördermittel habe man ganz gezielt den medizinischen Nutzen in den Vordergrund des Forschungsvorhabens gestellt. Direkte elektronische Eingriffe in das menschliche Gehirn seien bei der Behandlung von Epilepsie und Parkinson schon seit Jahren üblich. Das Forschungsziel sei offiziell die Optimierung dieser klassischen Verfahren. Der eigentliche und in den Anträgen verschwiegene Zweck sei aber die elektronische Verknüpfung des Gehirns mit einem externen Rechner. Ich erklärte meinem Kollegen, ich sei schon von Amts wegen zu Verschwiegenheit verpflichtet, doch das genügte ihm nicht. Erst als ich ihm ehrenwörtlich versicherte, Stillschweigen zu bewahren, weihte er mich ein. Allerdings machte ich damals schon den Vorbehalt, ich würde mich nicht mehr an mein Wort gebunden fühlen, wenn das Vorhaben gesetzliche oder moralische Grenzen überschreite.

Wir wussten damals beide noch nicht, wo die eigentlichen Grenzen dieses Experimentes verlaufen würden.

Wie ich bei diesem Vieraugengespräch erfuhr, waren die Vorbereitungen abgeschlossen. Prof. Dr. T., ein renommierter Wissenschaftler auf dem Gebiet der digitalen Signal- und Netzwerktechnik, hatte mit anderen Experten einen Prozessor entwickelt, der mithilfe digitaler Impulse die Verbindung zwischen dem menschlichen Organismus und dem Rechner herstellen konnte. Frau Prof. Dr. Mb. und ihre Assistenten hatten diesen Prozessor so weit miniaturisiert, dass er problemlos neben die entsprechenden Nervenzellen im Gehirn eingepflanzt werden könnte. Die Energieversorgung sichert die Körperwärme, die technisch erforderliche Kühlung leistet ein Nanoaggregat auf chemischem Wege aus der Zerebrospinalflüssigkeit. Die digitale Übermittlung der externen Rechnersignale soll anstelle von Elektroden wie bei der traditionellen Parkinsontherapie eine dünne Schicht Biomasse übernehmen, die aus dem körpereigenen Gewebe herausgezüchtet wird. Das sei technisch gut realisierbar, meinte Prof. Dr. Dr. M.

Dann kam er zu dem Teil, den ich bei dieser Experimentanordnung beitragen sollte.

Wie würde das Signal des Rechners im Gehirn ankommen? Welche Wahrnehmung sollte die Versuchsperson, und ohne eine solche würde es wohl nicht gehen, empfinden und als bewusst empfangenes Signal interpretieren und in Verhalten umsetzen?

Im Gegensatz zu Neurologen oder Psychiatern sind wir Psychologen keine ausgebildeten Ärzte. Wir verfügen zwar durch unser Studium über Grundkenntnisse des Aufbaus des menschlichen Gehirns, doch unsere Werkzeuge kommen eher aus dem Arsenal der Statistik, und sind kein chromglänzendes Instrument der Gehirnchirurgen. Ich selbst begegne den Erkenntnissen der sogenannten Gehirnforschern mit ausgeprägter Skepsis.

Solche Einwendungen wollte Prof. Dr. Dr. M. nicht gelten lassen. Er sei vom Kollegen Prof. Dr. B. auf meine Veröffentlichungen zur physiologischen Verhaltensforschung aufmerksam gemacht worden. Er hätte mit Interesse von meinen Laborversuchen gelesen, in denen ich darstellen konnte, wie verschiedene Gehirnregionen auf unterschiedliche Werbereize reagieren. Dieser Hinweis schmeichelte mir zwar, aber solche Erkenntnisse sind im Sinne der wissenschaftlichen Dynamik schon uralt. Die Labortechniken dieser Art gehören zum Standardrepertoire der physiologischen Verhaltensforschung, ebenso wie der Nachweis, mit welchen Botenstoffen im Gehirn der Werbereiz zur Kaufaktion stimuliert wird.

Prof. Dr. Dr. M. wollte wissen, ob ich mich schon mit der Übertragung von Gehirnströmen auf elektromagnetischem Weg beschäftigt hätte. Natürlich verfügte mein Verhaltenslabor an der Hochschule auch über die technischen Voraussetzungen zur Elektroenzephalografie. Wir können die Wirkung von Werbereizen mithilfe der EEG-Muster nachweisen, und die differenzierten Wellenverläufe der Gehirnströme sind auch für den Verhaltensforscher ein ergiebiges Feld. Ich selbst verlasse mich dabei lieber auf die Untersuchungen mit meinem Polygrafen, von meinen Kollegen in der Betriebswirtschaftslehre spöttisch als „Lügendetektor" bezeichnet. Zum Spaß erkläre ich den Zuhörern EEG-Experimente als Möglichkeit, die bei Studierenden häufige Narkolepsie frühzeitig zu erkennen.

Was mich jedoch an der Beschäftigung mit den elektromagnetischen Wellen des menschlichen Gehirns besonders reizt, ist die Annahme, dass dieses Organ permanent Signale aussendet, die mit dem Denken und Erleben zusammenhängen. Es ist eine faszinierende Vision, diese Sendewellen irgendwie zu empfangen und so Botschaften von einem auf den anderen Menschen zu übertragen. Vielleicht liegt das Phänomen des „Gedankenlesens" in diesen elektromagnetischen Wellen begründet. Es existieren tatsächlich Menschen mit einer medialen Veranlagung, die im Stande sind, diese „Sendungen" fremder Gehirne zu empfangen. Möglicherweise immer dann, wenn extreme Verhaltenssituationen vorhanden sind, wie bei zwei sich liebenden Menschen oder in Gefahrensituationen mit besonders ausgeprägter Gehirntätigkeit. Ich habe mich mit diesen Überlegungen häufig beschäftigt, doch nie etwas darüber veröffentlicht. Meinen Ruf als seriöser Wissenschaftler wollte ich mit derartigen „esoterischen Themen" nicht gefährden.

Umso erstaunter war ich, als mir mein Kollege eröffnete, er habe zusammen mit Gehirnforschern der Universitätsklinik in unserer Nachbarstadt mithilfe der SQUID-Technologie ein Verfahren entwickeln können, durch das nicht ausschließlich minimale Gehirnströme gemessen werden, sondern auch Signale in Gehirnbereiche eingebracht werden können, die bisher nur mechanisch, also durch Elektroden im Gewebe ausgelöst wurden. Das Projektteam sei demnach in der Lage, drahtlos Impulse in das Gehirn zu senden, und zwar an Stellen, die als Empfänger für externe Informationen angesehen werden.

Ich gab zu bedenken, es sei zwar schon seit Langem erforscht, in welcher Region des Gehirns bestimmte Wahrnehmungen wie Sehen oder Hören angesiedelt seien, wo wir den Sitz des Sprachzentrums erkannt haben oder die Areale bestimmter kognitiver Eigenschaften. Obwohl es so etwas wie einen „Hirnatlas" gibt, ist die Erforschung des menschlichen Denkens aus physiologischer Sicht aber noch lange nicht abgeschlossen. Es sei sogar möglich, dass bestimmte Rezeptoren im Gehirn individuell ausgeprägt seien, sodass grundsätzliche Aussagen nur sehr schwer zu treffen sind.

Prof. Dr. Dr. M. hatte viele Jahre in den USA geforscht und konnte am New York Department of Health Erfahrungen auf dem Gebiet „Brain Computer Interface“ sammeln. Er wusste, es ist bereits möglich, Computer durch kognitive Prozesse zu steuern. Die Entwicklung eines „Neural Impulse Actuators“ war zudem schon früher ein Spezialgebiet von ihm gewesen.

Obwohl es mir peinlich war, vertraute ich ihm meine Überlegungen zum Phänomen der Gedankenübertragung an und verpackte meine Meinung dazu in ein Experiment, von dem mir vor vielen Jahren in Indien ein Kollege erzählt hatte. Dabei war es gelungen, einfache Gedanken via EEG in binäre Signale umzuwandeln. Diese Botschaften wurden dann über das Internet von Indien nach Frankreich übertragen. Dort wurde in einem spezialisierten Institut mit transkranieller Magnetstimulation das Signal in das Gehirn einer Versuchsperson übertragen: Die erste gelungene technische „Gedankenübertragung“.

Prof. Dr. Dr. M. lächelte überlegen: „Das war schon vor vielen Jahren. Das Experiment ist mir sehr wohl bekannt. Ich würde mich nicht wundern, wenn die Amerikaner heute schon in der Lage wären, Kampfjets auf diese Weise nur mit Gedanken zu steuern. Das Militär hat alle Forschungen darüber für streng geheim erklärt und hält die Ergebnisse unter Verschluss. Wir hier in Z. sind schon ein großes Stück weiter: Über den erwähnten Nanoprozessor im Gewebe einer Versuchsperson werden wir Bilder, Texte und akustische Signale vom Rechner direkt ins Gehirn übertragen können und von den Sinnesorganen der Person zurück auf den Computer. Das alles ohne Kabel und Drähte und via Internet ohne räumliche Begrenzung."

Er bemerkte mein Erstaunen und ich fragte ihn, warum er mir das alles so vertraulich erzählte. Mein Kollege lehnte sich in seinem Stuhl zurück: „Das Experiment steht kurz vor dem Start. Die technischen Apparaturen und der Prozessor sind gefertigt, die Rechner programmiert. Wir brauchen nur noch eine Versuchsperson, aus deren Gewebe wir Biomasse gewinnen können, und die bereit ist, sich den Prozessor einpflanzen zu lassen."

Auch ohne technische Hilfsmittel schien mein Kollege meine Gedanken erraten zu haben und beruhigte mich:

„Keine Angst, natürlich haben wir nicht an Sie als Versuchsperson gedacht. Aber Sie müssen uns bei der Auswahl behilflich sein, vielleicht auch etwas Überzeugungsarbeit leisten, um einen geeigneten Probanden auszuwählen, der sich dem Eingriff unterzieht. Das dürfte Ihnen als Marketingfachmann keine Schwierigkeiten bereiten."

Deshalb sollte ich also in das Projektteam eingebunden werden. Ich müsste jemanden benennen, an dessen Gehirn bisher noch nie da gewesene Versuche unternommen werden sollten.

An diesem Punkt des Gespräches hätte ich eigentlich aufstehen und den Raum verlassen müssen.

Mein Schweigen muss Prof. Dr. Dr. M. als Einverständnis gewertet haben und er fuhr fort: „Ich glaube, es wird gar nicht so schwer sein, eine geeignete Versuchsperson zu finden und zu überzeugen. Wen würde es nicht reizen, eine riesige Menge von Wissen jederzeit im Kopf abrufbar zu haben und ohne Handy oder Laptop ins Internet zu kommen? Für jeden unserer Studierenden wäre es eine fantastische Zukunftsvision. Ihre Aufgabe wird die Betreuung der Versuchsperson während des Experimentes sein. Sie als Psychologe sollen feststellen, ob sich gegebenenfalls Änderungen im Verhalten des Probanden ergeben, die für das Projekt von Interesse sind. Der Mensch, der sich unserer Forschung zur Verfügung stellt, wird später ein anderer sein als zuvor. Das erste Mal in der Geschichte der Menschheit wird ein einzelnes Individuum über eine Datenbasis von unvorstellbarer Tiefe und Breite jederzeit verfügen können. So etwas hat es noch nie gegeben. Unser Proband wird ein Pionier sein und mit unserer Hilfe bisher unvorstellbare Leistungen vollbringen können, die ihn weit über seine Mitmenschen erheben."

Jetzt wurde Prof. Dr. Dr. M pathetisch und geriet ins Schwärmen. Mich freilich erinnerte die Situation an den Roman von Mary Shelley und die Tätigkeit des Professors Frankenstein an der Universität Ingolstadt.

„Welche Merkmale sollte die Versuchsperson ihrer Meinung nach aufweisen?" fragte ich vorsichtig. Prof. Dr. Dr. M. erkannte, dass er mein Interesse geweckt hatte.

„Experimente in den Naturwissenschaften müssen jederzeit nachprüfbar sein und unter gleichen Bedingungen stets zu den gleichen Ergebnissen führen. Daher benötigen wir eine Versuchsperson, wie sie überall auf der Welt gefunden werden kann. Sie sollte am besten den Durchschnitt vom Durchschnitt darstellen. Nicht zu intelligent, aber auch nicht zu dumm. Nicht zu extrovertiert, aber auch ohne Neigung zum Autismus. Nicht zu jung, nicht zu alt, aus durchschnittlichen sozialen Verhältnissen, kein Kind intellektueller Eltern und auch nicht aus bildungsfernen Schichten. Sie wissen schon, eine typische Studentin oder ein typischer Student unserer Hochschule."

Für Experimente in den empirischen Sozialwissenschaften gelten die gleichen Voraussetzungen wie in den Naturwissenschaften. Gemeinsam legten wir den Katalog der erforderlichen Merkmale für die Versuchsperson fest.

Ich versprach, in kurzer Zeit geeignete Probanden vorzuschlagen, und Prof. Dr. Dr. M. gestattete mir, auch meine Assistentin, Frau Dr. A. L., in das Projekt einzuweihen. Ich hielt das wegen der intensiven Zusammenarbeit für erforderlich. Da sie engeren Kontakt zu den Studierenden hatte als ich, könnte sie bei der Auswahl sehr behilflich sein.

Die Versuchsperson

Ich hatte mich in Frau Dr. A. L. nicht getäuscht. Sie begeisterte sich schnell für das Projekt und erkannte die wissenschaftlichen Möglichkeiten, die daraus resultieren könnten. Gemeinsam gingen wir den Merkmalskatalog für die Suche nach einer Versuchsperson durch und überlegten uns, welche unserer Studentinnen und Studenten die gewünschten Eigenschaften vorweisen könnten.

Es dauerte nicht lange, da hatten wir eine geeignete Studentin gefunden. Sie war 26 Jahre alt, hatte ein Soziologiestudium abgebrochen und studierte im vierten Semester Betriebswirtschaftslehre. Ihre Prüfungsleistungen waren unterdurchschnittlich, doch sie machte einen aufmerksamen und engagierten Eindruck. Sie war nicht hässlich, doch die jungen Männer drehten sich nicht nach ihr um. Im Kreis der Studierenden war sie gut integriert. Ich hatte sie regelmäßig in meinen Seminaren gesehen, und Frau Dr. A. L. in ihrer Sprechstunde näheren Kontakt zu ihr aufgebaut. So erfuhr ich, dass sie aus einer bürgerlichen Familie stammt. Die Eltern hatten sich getrennt, als sie noch in der Schule war. Neben ihrem Studium arbeitete sie als Servicekraft in Rettus-Keller, einem angesagten Studentenlokal. Sie hatte Angst vor der nächsten Statistikklausur bei Prof. Kb., die sie schon zweimal nicht bestanden hatte und war mit ihrem Aussehen unzufrieden. Also alles in allem eine ganz normale Studentin.

Im Folgenden werde ich sie als Tamara bezeichnen. Das ist zwar nicht ihr richtiger Name, doch ihre Identität muss geheim gehalten werden.

Weil Tamara schon mehrfach als Versuchsperson in meinem Labor mitgewirkt hatte, fragte sie Frau Dr. A. L. einfach, ob sie nicht Lust hätte, sich an einem Experiment zu beteiligen, das fakultätsübergreifend durchgeführt werden würde. Da sie grundsätzliches Interesse signalisierte, beschlossen wir, Tamara Prof. Dr. Dr. M. vorzustellen.

Diese erste Begegnung fand in seinem geräumigen Büro mit dem großen Tisch und den bequemen Ledermöbeln statt. Neben mir und Frau Dr. A. L. waren noch Prof. Dr. med. B., Frau Prof. Dr. Mb. und ein weiterer Wissenschaftler, Prof. Dr. Dr. K. von der Universitätsklinik in H., anwesend. Als diese hochrangigen Personen sich Tamara vorstellten, wirkte sie zunächst etwas verunsichert, fand jedoch schnell wieder zu ihrer offenen und unkomplizierten Art zurück.

Der Projektleiter erklärte ihr mit einfachen und verständlichen Worten, um was es ging: Es würde zunächst bei ihr ein klein wenig Gewebe entnommen werden, natürlich an einer Stelle, an der es gar nicht auffällt. Das wäre ganz unproblematisch, fast so wie Haareschneiden und ginge ohne Narkose absolut schmerzfrei, daraus würde man Zellkulturen anlegen und eine Biomasse erstellen, die elektronisch leitfähig sei. Erfahrene Ärzte würden später einen winzig kleinen Eingriff in ihrem Kopf vornehmen, völlig unkompliziert und minimalinvasiv. Sie brauchte gar keine Angst haben. Das wäre absolut ungefährlich und vollständig schmerzfrei. Danach könnten bestimmte Messungen in ihrem Kopf vorgenommen werden, wie sie es schon aus dem Verhaltenslabor kennt, doch diesmal ohne Drähte und Leitungen.

Tamara wurde unsicher. Sie wollte wissen, ob man anschließend ihre Reaktionen messen könnte wie bei dem Polygrafen und ob man dann alles über sie wüsste. Die anwesenden Wissenschaftler lachten. Nur ich nicht. Ich verstand Tamaras Bedenken und entschloss mich, die junge Frau darüber in Kenntnis zu setzen, was das eigentliche Ziel des Experimentes sein sollte: „Tamara, es ist genau das Gegenteil, was wir damit bezwecken. Wir wollen nicht in Dich schauen, sondern Dir die Möglichkeit geben, drahtlos an Daten zu kommen, die bisher nicht in Deinem Kopf sind. Du wirst auf diese Art und Weise mit einem Computer verbunden werden, auf dem Informationen abgelegt sind, die Dir nützlich sein können. Du würdest so der erste Mensch sein, dessen Denk- und Erinnerungsvermögen technisch gewaltig erweitert ist."

Anstatt sie zu beruhigen, hatte ich das Mädchen noch mehr verwirrt und meine Kollegen missbilligten offensichtlich, wie weit ich ihr schon Einblick in das Ziel des Projektes gewährt hatte.

„Kann mir jemand erklären, was das Ganze soll?" fragte Tamara in die Runde. Frau Dr. A. L. nahm sie beruhigend bei der Hand, und Prof. Dr. Dr. M. wuchs jetzt über sich selbst hinaus. Er schilderte, welche unglaublichen Möglichkeiten dadurch auf sie zukommen würden. Wenn Tamara sich jemals gewünscht hätte, niemals mehr etwas für das Studium lernen zu müssen, sondern alles Wissen sofort parat zu haben, dann könnte jetzt ihr Traum in Erfüllung gehen. Sie müsste nie wieder eine Vorlesung mitschreiben, kein Skript mehr auswendig lernen, keine langweiligen Bücher mehr lesen. Sie könnte wie bei Wikipedia alles, was sie wissen wollte, einfach in ihrem Kopf aufrufen.

Mich befremdeten die kühnen Voraussagen meines Kollegen, doch Tamara schienen diese Aussichten zu gefallen. Sie fragte nur noch, ob die medizinischen Eingriffe wirklich schmerzfrei seien und ob sie dann mit Sicherheit die Statistikklausur bestehen würde.

Als ihr die anderen Anwesenden diese Bedenken wortreich zerstreuten und ihr, mir völlig unerklärlich, obendrein eine Prüfungsleistung in der verhassten Statistik mit der Note „sehr gut" versprachen, schien unsere Studentin überzeugt. Sie war sogar bereit, eine mehrseitige Verschwiegenheitserklärung zu unterschreiben, ohne sie vorher durchzulesen.

Nachdem Tamara mit meiner Assistentin den Raum verlassen hatte, wurde meine Auswahl allgemein gelobt. Die junge Frau sei das ideale „leere Gefäß", das nun mit dem Wissen der Welt gefüllt werden sollte. Gerade ihre unverstellte und unkomplizierte Art gefiel den Wissenschaftlern.

Da schon alles vorbereitet war, fuhr Prof. Dr. Dr. M. am übernächsten Tag mit Tamara zur Universitätsklinik in die Nachbarstadt zur Gewebsentnahme. Das hätte auch ganz problemlos in einem der Labore unserer Hochschule geschehen können, doch M. wollte, dass sie schon vor der Implantation die dortigen Räumlichkeiten kennenlernte, damit sie beruhigt war. Die Universitätsklinik ist von unserer Hochschule aus in weniger als einer viertel Stunde mit dem Auto zu erreichen, und das Mädchen hatte darum gebeten, von meiner Assistentin begleitet zu werden. Prof. Dr. Dr. M. nahm auch noch einen seiner Assistenten mit auf die Fahrt, einen jungen Mediziner, der sich an der Universitätsklinik im

Fach experimentelle Neurochirurgie habilitieren wollte. Er sah in diesem Projekt, das er von Anfang an betreuen sollte, eine gute Möglichkeit, sich zu profilieren und in absehbarer Zeit auf eine ordentliche Professur berufen zu werden. Heute lebt er unter anderem Namen in den USA, und ich will ihn im Folgenden Dr. UP. nennen.

Wie mir Dr. A. L. später berichtete, fanden Tamara und Dr. UP. auf der Fahrt schnell Kontakt zueinander. Er war witzig, brachte die junge Frau zum Lachen und zeigte ihr nach der Ankunft die OP-Säle und die verschiedenen Apparate. Tamara verstand davon nicht viel, doch sie fühlte sich in seiner Gegenwart sichtlich wohl. Der junge Arzt entnahm persönlich die Gewebsteile und musste ihr versprechen, später beim Eingriff in ihren Kopf mit dabei zu sein. Er gab ihr sein Wort, nicht von ihrer Seite zu weichen.

Die Fertigung geeigneter Biomasse aus den entnommenen Zellen war für die Biologen unserer Hochschule reine Routine. Aus Neugier besuchte ich Frau Prof. Dr. Mb. in ihrem Labor. Ich wollte mir den sagenhaften, von ihr verkleinerten Nanoprozessor ansehen, bevor er für längere Zeit im Kopf unserer Studentin verschwinden sollte. Die Räume von Frau Prof. Dr. Mb. befanden sich in einem anderen Gebäude als meine eigenen Labore. Schon von Weitem waren die Tag und Nacht hell erleuchteten Fenster der Reinräume ihres Instituts zu sehen. Im Keller dröhnten fortwähren die gewaltigen Luftfilter und Vakuumpumpen. Natürlich durfte ich mich nur auf dem Gang neben den Zugangsschleusen aufhalten. Ich erblickte meine Kollegin wie ein Wesen aus einer anderen Welt, eingehüllt in Schutzkleidung, unter der sie kaum zu erkennen war. Durch die getönten Glasscheiben konnte ich sehen, wie sie etwas in ein gläsernes Gefäß einschloss. Dann verschwand sie in den rückwärtigen Gang.

Die Luft in diesen Laboren war so sauber, dass ein winzig kleines Staubkorn darin die Auswirkung eines Felsbrockens in einer feinmechanischen Werkstatt gehabt hätte. Im Reinraum wurden die „Staubkörner“ nicht in Millimetern, sondern in Bruchteilen von Millimü gemessen. Die Konstruktionsteile der Prozessoren bewegten sich schon fast im Molekularbereich. Da der Mensch, wie überall auf der Welt, als der schlimmste Verschmutzer gilt, war der Zutritt zu diesen Reinräumen aufs Strengste reglementiert.

Endlich trat Frau Prof. Dr. Mb. aus der doppelten Schleuse heraus und zeigte mir, was sie gerade in das durchsichtige Behältnis eingeschlossen hatte. Es war tatsächlich der Prozessor, von dem alle sprachen. Man hätte ihn auch für ein kleines schwarzes Insekt halten können, weniger groß als ein Streichholzkopf, etwas länglich mit mikroskopisch kleinen „Fühlern“ an der Seite. Ich erfuhr dann noch einige technische Details, die mir die Schöpferin dieses Wunderwerkes der Nanotechnik mit Stolz schilderte, von denen ich aber nicht viel verstand.

Am Tage vor der Implantation traf ich mich noch einmal mit Tamara in meinem Büro. Auch Frau Dr. A. L. hatte ich hinzugebeten. Ich wollte unsere Versuchsperson noch ein wenig beruhigen, aber das war gar nicht nötig. Dr. UP. hatte sich bewundernswert um die Studentin gekümmert, ihr den Prozessor in seinem Glasbehälter gezeigt und war mit ihr in das D-Gebäude zu Prof. Dr. B gegangen, wo die Computer und die Sendegeräte bereitstanden. Schließlich hatte er sie sogar noch zum Abendessen eingeladen.

Während ich ein flaues Gefühl hatte, war Tamara ganz entspannt, ja sogar ein wenig aufgekratzt. Das Projekt hatte ihr Interesse geweckt. Sie war begeistert, an dieser technischen Revolution als Hauptperson mitarbeiten zu dürfen. So schnell wie möglich wollte sie jetzt Examen machen, vielleicht noch ein Masterstudium in Informatik dranhängen, anschließend in die Forschung gehen und Wissenschaftlerin werden.

Meine Assistentin und ich tauschten verstohlene Blicke. Uns verblüffte die Selbstsicherheit, die Tamara mit einem Mal an den Tag legte. Noch vor Kurzem wäre sie glücklich gewesen, eine Klausur mit der Note „ausreichend“ zu bestehen und jetzt hatte sie hochfliegende Pläne.

Da ich dafür ausgewählt worden war, Verhaltensänderungen der Versuchsperson zu analysieren, notierte ich in meine Experimentprotokolle: „Starker Motivationsschub bei der Probandin. Möglicherweise Hawthorne Effekt." Frau Dr. A. L., die in der Regel die Dinge pragmatischer und weniger wissenschaftlich als ich sah, meinte, es könnte in diesem Fall auch der „Dr. med. UP. Effekt" sein.

Ich verstand, was sie meinte.

Die erste Kontaktaufnahme

Vierzehn Tage später saß mir Tamara wieder gegenüber. Sie wirkte entspannt und nach wie vor hoch motiviert. Der Eingriff, den Prof. Dr. Dr. M. und Dr. UP. selbst in der Universitätsklinik vorgenommen hatten, war erwartungsgemäß problemlos verlaufen. Die Implantation erfolgte minimalinvasiv und weil das menschliche Gehirn selbst kein Schmerzempfinden hat, auch ohne Narkose. Da Tamara damals eine Kurzhaarfrisur trug, konnte man eine kleine rasierte Stelle auf ihrem Kopf erahnen, höchstens so groß wie eine Briefmarke. Ihre dunklen Haare waren schon wieder nachgewachsen. Die Studentin erzählte, bei der Gehirnoperation habe sie nicht die geringste Angst verspürt. Prof. Dr. Dr. M. habe ihr genau erklärt, was er gerade machte und den Bildschirm so gedreht, dass sie alles mitverfolgen konnte. Dr. UP., sie nannte ihn jetzt bei seinem Vornamen, habe ihr die Hand gehalten und versichert, alles laufe bestens.

Mittlerweile stehe auch fest, wie gut der Körper den „kleinen Einbau" verträgt, und dass keine

Entzündungen oder Abstoßungsreaktionen der Biomasse zu beobachten seien. Wenn es nach ihr ginge, könnte das Experiment gleich starten.

Man habe ihr gesagt, übermorgen sei der große Tag, denn die Verbindung zum Rechner werde dann aktiviert. Es war ihr anzumerken, wie sehr sie sich auf den Beginn des großen Abenteuers, und das war es wohl nach ihrer Meinung, freute.

Als sie sich verabschiedet hatte, saß ich noch lange mit meiner Assistentin zusammen. Tamara wusste nicht, dass das Experiment bereits begonnen hatte und ihre Gehirnströme schon seit dem Tag der Implantation über unsere Bildschirme liefen. Wir waren auf Empfang, hatten allerdings noch keine Signale über den Rechner in ihren Kopf gesendet. Das sollte erst in einigen Tagen erfolgen, wenn wir entsprechende Auswertungen vorliegen hätten und uns sicher waren, die Rechnerimpulse würden auch in den Arealen des Gehirns ankommen, die dafür vorgesehen waren.

Was wir jetzt an Material aus Tamaras Gehirn zu sehen bekamen, faszinierte uns beide. Die Empfindlichkeit des Sensors in ihrem Gewebe übertraf alle Erwartungen. Die Impulse waren noch deutlicher und schärfer voneinander getrennt als bei einer herkömmlichen Verdrahtung. Obwohl die verschiedenen Wellendiagramme auch auf die Computer der anderen in diesem Projekt eingebundenen Wissenschaftler übertragen wurden, waren wir wohl die einzigen, die sie interpretieren konnten. Wir hatten ausreichend Erfahrung in der Auswertung von EEG-Mustern und schon vor längerer Zeit Algorithmen entwickelt, die es uns jetzt ermöglichten, das Verhalten der Versuchsperson zu interpretieren. So waren wir im wahrsten Sinne des Wortes immer bei ihr und konnten an den Delta-Wellen sehen, wann Tamara eingeschlafen war und wie tief sie schlief. Die Kombination von Beta- und Gamawellen zeigte uns, wenn sie konzentriert nachdachte oder sich körperlich anstrengte und vieles mehr. Meine Assistentin war in kurzer Zeit sogar in der Lage, recht genau vorherzusagen, wie sich der Tagesablauf der jungen Frau gestaltete.

Wir wussten, wann sie morgens aufstand, wie angespannt sie war, wenn sie mit dem Auto fuhr, wie sie in der Vorlesung vor sich hindöste oder sich mit Freunden traf. Als mir Frau Dr. A. L. eine Wellenanalyse präsentierte, die keine andere Interpretation zu ließ, als dass Tamara einen Abend mit einer sehr anregenden Person (vielleicht Dr. UP. ?) verbracht, und mit dieser Person im Laufe der Nacht sehr intensiven emotionalen und körperlichen Kontakt gehabt hatte, wurde mir das Projekt unheimlich. Die Versuchsperson hatte keine Ahnung davon, wie weit wir schon in ihrem Kopf waren.

An dem Tag, als zum ersten Mal der Computer mit dem Implantat in Tamaras Gehirn Kontakt aufnehmen sollte, waren alle beteiligten Wissenschaftler sehr aufgeregt. Nur unsere Versuchsperson nicht. Um alle störenden Außeneinflüsse zu eliminieren, setzten wir die junge Frau wieder in das große, schön möblierte Büro von Prof. Dr. Dr. M. mit der gemütlichen Sitzecke. Dr. UP. servierte einen Espresso aus der chromglänzenden Maschine des Institutsleiters und scherzte mit unserer Probandin. Im Raum waren außer Tamara noch Dr. UP., Prof. Dr. B., der Dekan der Informatiker und ich. Bewusst hatten wir darauf verzichtet, große Monitore aufzubauen. Es sollte keinesfalls eine Laborsituation entstehen. Mit den übrigen am Experiment beteiligten Wissenschaftlern waren wir über unsere Notebooks und Handys diskret verbunden. Ich konnte mir gut vorstellen, mit welcher Anspannung die Kollegen an ihren Bildschirmen draußen in den Laboren vor den Geräten saßen und dem Beginn des Experimentes entgegenfieberten.

An diesem Tag war nur eine sehr einfache Versuchsanordnung geplant. Auf meinen Rat hin sollten die Signale in ein Gehirnareal gesendet werden, das für das Gedächtnis verantwortlich ist, und aus dem auch die Traumsequenzen beim Menschen im Tiefschlaf abgerufen werden. Auf dem Rechner waren einige schöne Bilder mit idyllischen Landschaften der Insel Bali und ein kurzer Film mit einem wasserskifahrenden Elefanten abgelegt worden.

Zu einem genau festgesetzten Zeitpunkt, den die Versuchsperson nicht kannte, wurde der Rechner aktiviert.

Das Ergebnis dieser ersten Kontaktaufnahme habe ich unmittelbar danach protokolliert.

Protokoll des Experimentes „Externe Intelligenz". – Erste Kontaktaufnahme am XX.XX.XX.

Anwesend: Versuchsperson (VP); Prof. Dr. Dr. M; Prof. Dr. B.; Prof. Dr. R.; Dr. UP.

15:00 Uhr: *Der Rechner sendet erste Signale an den Empfänger, der Prozessor ist aktiviert; VP unterhält sich entspannt mit Dr. UP.; keine Verhaltensänderung im Moment der Aktivierung. Frau Dr. A. L. meldet über Handy normale EEG Frequenz bei VP*

15:05 Uhr: *Prof. Dr. Dr. M. fragt VP, ob sie schon Pläne für den Urlaub habe. VP antwortet, sie möchte gerne ans Meer fahren und irgendwohin, wo es schön warm ist. Frau Dr. A. L. meldet über Handy, EEG Frequenz zeigt kognitive Anspannung und Emotionalität. Frage, ob VP schon einmal in Bali war, wird verneint. Nachdem Prof. Dr. Dr. M. fragt, was VP zu Bali einfällt, erzählt sie von Stränden, grünen Landschaften und eigentümlichen Felsformationen. VP wird gebeten, die Felsformationen näher zu beschreiben. (Starke Ausschläge der EEG Kurven.) VP beschreibt detailgetreu die Abbildung der Landschaft, die ihr über den Sender vermittelt wurde.*

Prof. Dr. Dr. M.: „Ich wundere mich, wie genau Sie Bali beschreiben können, obwohl sie noch nie dort waren".

VP: „Ja, das wundert mich auch. Ich sehe das genau vor mir. Aber auch andere schöne Landschaften, die ich gerne besuchen würde. Es ist so, als wäre ich schon dort gewesen. Als hätte ich eine Erinnerung daran."

Prof. Dr. R.: „Es soll ja sogar einen Elefanten geben, der Wasserski laufen kann."

VP: „Ja, daran erinnere ich mich. Das sieht lustig aus."

Prof. Dr. R.: „Wo haben Sie das gesehen?"

VP: „Das habe ich bestimmt noch nie gesehen, aber ich erinnere mich genau daran."

Prof. Dr. R.: „Ist an dem Elefanten etwas Besonderes?"

VP: „Moment, ich muss nachdenken. (signifikante Veränderungen der Wellen im EEG,) Ja, natürlich, der Elefant trägt eine blaurot gestreifte Badehose."

Prof. Dr. B.: „Sehen Sie Landschaften, die sie bisher noch nicht gesehen hatten?"

VP: „Ja, es ist, als ob ich mich erinnere. Ein weiter Sandstrand mit tiefblauem Meer, dann ein tropischer Regenwald mit vielen Blumen, ein paar Holzhütten mit schönen Schnitzereien direkt am Meer. Es ist wie der Katalog eines Reisebüros in meinem Kopf."

***15:10 Uhr**: Prof. Dr. B. gibt per Handy dem Informatiklabor die Anweisung, die Sendung zu beenden.*

Prof. Dr. R.: „Können Sie mir noch die Farbe des Bootes beschreiben, das den Elefanten auf Wasserskiern zieht?“

VP: „Einen Moment, ich muss nachdenken. Ich glaube, ich kann mich erinnern. Das Boot war rot.“ (Heftige Ausschläge bei den Gammawellen)

Die erste Kontaktaufnahme wurde um 15:15 Uhr beendet. Abschließend fand noch ein lockeres Gespräch mit der VP statt. Diese zeigte danach keine signifikanten Auffälligkeiten ihres Verhaltens. Normale Wellenbilder im EEG.

***Zusammenfassung:** Die Übertragung von Bildinformationen zum Prozessor kann als gelungen betrachtet werden. Die Informationen werden unbewusst aufgenommen und verarbeitet. Alle Informationen können problemlos kognitiv eingeordnet werden und erscheinen der VP als eigene Wahrnehmungen. Nach Beendigung der Übertragung verblassen die Bilder, bleiben als Erinnerungen noch abrufbar. Offensichtlich findet ein neuronaler Prozess statt, der die übertragenen Informationen bewusst oder unbewusst im Gedächtnis abspeichert.*

Ende des Protokolls.

Nachdem Tamara den Raum zusammen mit Dr. UP. verlassen hatte, gratulierten wir uns gegenseitig zum Erfolg der ersten Kontaktaufnahme.

Prof. Dr. Dr. M. skizzierte nun die künftigen Schritte des Experimentes: Bei den folgenden Sitzungen sollten der jungen Frau weitere Informationen gesendet werden. Diesmal aber keine Bildinformationen, sondern Texte und abstrakte Begriffe. Dabei müsste ermittelt werden, wieweit diese Signale bewusst verarbeitet und eingelagert werden können, und ob die übertragenen Daten nachhaltig im Gedächtnis gespeichert werden.

An den nachfolgenden Sitzungen nahm ich nicht persönlich teil, sondern ließ mich durch Frau Dr. A. L. auf dem Laufenden halten. In relativ kurzer Zeit war Tamara in der Lage, nicht nur längere Texte, sondern auch komplette Bücher und Filme wahrzunehmen, sobald die Verbindung mit dem Rechner hergestellt wurde. Solange die Übertragung aktiviert war, konnte sie alle empfangenen Daten fehlerfrei „aus dem Gedächtnis" wiedergeben. Nach Ende der Sendung blieb nur noch eine mehr oder weniger bruchstückhafte Erinnerung an das soeben „Gesehene".

Frau Dr. A. L. regte an, die „Lernkurven" bei unserer Versuchsperson zu erkunden und die Phasen des „Vergessens" statistisch zu erfassen. Ich selbst vertrat die Ansicht, die gesendeten Informationen würden umso länger und intensiver gespeichert, je mehr die Versuchsperson am dargebotenen Stoff interessiert sei. Im Marketing nennen wir dieses Phänomen „Involvierung".

In jener Phase des Experimentes hatten wir den Eindruck, es sei möglich, Daten zu überspielen, der Effekt war allerdings der gleiche, als ob sich ein Studierender den Stoff autonom durch Lesen eines Buches aneignet. Für die Studierenden wäre das schon ein gewaltiger Fortschritt, doch im Rahmen eines Experimentes zur „Externen Intelligenz" schien mir das Ergebnis noch nicht praxistauglich.

Auszugsweise Wiedergabe des Gespräches am XX. XX. XX.

Institut für quantitative Verhaltensforschung

Anwesend: Versuchsperson (VP); Prof. Dr. R.; Frau Dr. A. L. (Protokoll)

(auf Tonträger aufgezeichnet mit Zustimmung der VP)

Prof. Dr. R.: „Jetzt bist Du schon seit mehr als vierzehn Tagen mitten in unserer Untersuchung. Wie geht es Dir so im Allgemeinen?"

VP: „Die Statistikklausur kommt immer näher und ich bin mir nicht sicher, ob ich sie bestehe.

Prof. Dr. R.: „Hast Du immer noch Angst davor?"

VP: „Mehr denn je. Bei den Tests bekomme ich ungeheuer viele Statistikbücher übertragen. Sobald ich die im Kopf habe, merke ich, was ich alles noch nicht weiß. Wenn der Test dann zu Ende ist und keine Verbindung mehr zum Computer besteht, schwirrt mir der Kopf. Ich kann mich dann zwar noch an vieles erinnern, aber das meiste ist unklar und ich bekomme Angst. Die Statistik wirkt auf mich noch unverständlicher als zuvor. Es kommt mir dann so vor, als hätte ich hundert Bücher gelesen und nichts verstanden. Aber auch wenn ich den theoretischen Stoff einigermaßen verstanden habe und mich an manches erinnern kann, hilft mir das wenig bei den Rechenaufgaben in der Klausur. Auch wenn die Übertragung noch läuft, sehe ich zwar die Formel, die angewendet werden muss, aber ich kann sie nicht in Rechenschritte umsetzen. Vielleicht bin ich einfach zu dumm und als Testperson nicht geeignet.

(Prof. Dr. R. glaubt bei VP eine kognitive Dissonanz zu erkennen, die zum Motivationsabfall führen könnte. Er redet beruhigend auf VP ein.)

Prof. Dr. R.: …….das mit der Klausur bekommen wir schon irgendwie in den Griff. Mich interessiert, wie es Dir im Allgemeinen geht."

VP: „Wenn ich nicht an die Prüfungen denke, geht es mir ganz gut. Nur an den Tagen, an denen Tests durchgeführt werden, schwirrt mir abends der Kopf. Ich bekomme ja stundenlang die unterschiedlichsten Informationen zugespielt. Manchmal auch lustige Geschichten oder Filme. Die muss ich dann nacherzählen, was mir ganz gut gelingt. Manches behalte ich auch sofort im Gedächtnis, wie sich zum Beispiel die Frauen im alten Ägypten geschminkt haben, oder den Film über die Modeschau in Paris. Nach dem Test geht es mir oft so, als hätte ich stundenlang im Kino gesessen oder zehn Netflixserien hintereinander gesehen."

Prof. Dr. R.: „Ist das sehr unangenehm für Dich? Kannst Du nicht abschalten?“

VP: „Nein, ich führe ja sonst mein normales Leben, treffe mich mit Freunden oder gehe in den Klub. Das ist zwar in letzter Zeit weniger geworden, denn ich darf ja nichts über die Tests erzählen. Ich habe immer Angst, ich könnte mich verplappern. Es tut mir gut, wenn mich Dr. UP. (sie verwendet wieder den Vornamen) manchmal am Abend besucht. Dann bin ich ganz ruhig. Seine Anwesenheit tut mir gut.“

(Prof. Dr. R. verspricht nochmals, sich um das Problem Statistik zu kümmern, besonders auch um die Rechenaufgaben.)

(Anmerkung Dr. A. L.: Die VP zeigt Anzeigen eines Information-Overload. Feststellbare Nervosität kann auf Teststress und/oder Prüfungsangst zurückgeführt werden. In den Stunden nach den Tests, wenn die Verbindung bereits wieder getrennt ist, wird eine uneinheitliche Wellenbildung im EEG beobachtet. Dieser Befund sollte weiter im Auge behalten werden.)

Nach diesem Gespräch mit Tamara suchte ich Prof. Dr. B. auf und erörterte mit ihm das Problem Statistikklausur. Es schien mir für den weiteren Verlauf des Experimentes wichtig, die Motivation der jungen Frau aufrecht zu erhalten und ihr die Angst zu nehmen. Meiner Auffassung nach hatte das Projekt noch bei Weitem nicht den

Anspruch auf eine „Externe Intelligenz." Prof. Dr. B. war der gleichen Meinung. Wir sollten nicht beim einfachen Datentransfer stehen bleiben. Er versprach, eine entsprechende Modifizierung der Programme vorzunehmen, mit dem Ziel, eine computerbasierte künstliche Intelligenz in die Wahrnehmung einzubauen, die von der VP auch aktiv nutzbar wäre. Wenn die VP in der Lage sei, jetzt schon Daten vom Rechner abzurufen und kognitiv zu verarbeiten, dann müsste man so weit kommen, dass sie auch allein durch ihre Gedanken ein Programm oder einen Algorithmus aktiviert, der ihr beim Problemlösen hilft. Ich war mir sicher, eine solche Entwicklung würde Jahre dauern. In meiner Vorstellung rückte der Erfolg des Projektes in weite Ferne.

Mit meiner Assistentin unterhielt ich mich lange über Möglichkeiten, das Problem „Statistikklausur" zu lösen, ehe es für Tamara zu spät sein würde und sie aus dem Projekt ausschied. Wir hatten uns, wie jeden Montag nach meiner Vorlesung im Audimax, zu einem Eis in meinem Lieblingseislokal „La Perla" getroffen. Frau Dr. A. L. meinte nicht nur „Eis geht immer", sondern sie zerstreute meine Bedenken, dass unsere Versuchsperson das Projekt abbrechen könnte: „Solange Dr. UP. sich um Tamara kümmert, wird sie bestimmt bei der Stange bleiben." Als sie mir über weitere Analysen der Gehirnstrommessung aus Tamaras Kopf berichtete, kam ihr plötzlich eine geniale Idee. Sie zitierte meine eigene Vorlesung, bei der ich über die Entstehung des „Déjà Vue"-Effektes referiert hatte.

Viele Menschen hatten schon sogenannte „Déjà Vue"-Erlebnisse: Sie kommen an Orte, von denen sie glauben, sie wären schon einmal da gewesen, obwohl sie diese Gegend zuvor niemals besucht hatten. Sie meinen, sich an alles erinnern zu können, obwohl sie noch nie dort waren. Das passiert vielen Leuten, und manche behaupten dann steif und fest, sie seien in einem „früheren Leben" schon einmal an diesem Ort gewesen.

Die Erklärung dieses Phänomens ist viel einfacher und weniger geheimnisvoll: Ich bin immer noch ein Anhänger der Hypothese von der „optischen Verspätung" als Auslöser für den „Déjà Vue"-Effekt, wenngleich viele kognitive Neuropsychologen heute andere Erklärungen dafür bereithalten. Die optischen Informationen durchrasen auf elektromagnetischem Weg unser Gehirn in einer Geschwindigkeit von Millisekunden-Bruchteilen, fast in Lichtgeschwindigkeit. Manchmal kommt es dabei zu minimalen Verzögerungen in den neuronalen Bahnen. Einfach ausgedrückt, der optische Reiz ist schon im Gedächtnis als Erinnerung angekommen, bevor er in dem Gehirnareal, das eigentlich für das Sehen verantwortlich ist, verarbeitet wurde. Der Mensch hat so den Eindruck, er sieht etwas, das er bereits gesehen hat, und an das er sich erinnern kann.

Frau Dr. A. L. schloss daraus, wenn es bereits gelungen sei, Bilder in das Gehirn der Versuchsperson einzuspielen, so müsste es auch möglich sein, die elektromagnetischen Impulse, die von optischen Reizen abgeleitet und im Erinnerungsareal des Gehirns gespeichert werden, in den Rechner zurück zu übertragen. Das Ergebnis wären dann Bilder oder sogar bewegte Bilder von dem, was die Versuchsperson gesehen hat oder gerade sieht.

Diese Vorstellung war geradezu faszinierend.

Noch am gleichen Tag suchte ich das Gespräch mit dem Projektleiter. Ein Team von Informatikern wurde hinzugezogen, auch Spezialisten für die digitale Bildbearbeitung. Die gleiche Software, die bislang Bilder digitalisiert und in das Gehirn der Versuchsperson übertragen hatte, wurde nun dafür eingesetzt, um Signale im Gehirn ausfindig zu machen, die möglicherweise von optischen Reizen stammten.

Nach wenigen Tagen war ein Algorithmus entwickelt, der in der Nähe der medialen Temporallappen, in die bereits die Bildsignale gesendet wurden, elektrische Impulse ausfindig machen konnte, die auf optische Einflüsse schließen ließen. Die ersten Versuche, diese Impulse in herkömmliche Bilddateien umzuwandeln, scheiterten. Es dauerte über eine Woche, bis es Prof. Dr. B., dem Dekan der Informatik, eher durch Zufall gelang, brauchbare Bilder aus dem Kopf der Versuchsperson zu generieren. Danach ging alles sehr schnell, immer mehr Bilder und Bildsequenzen aus dem Gehirn konnten sichtbar gemacht werden und landeten auf den Bildschirmen des Projektteams.

In den Testphasen war festzustellen, dass die besten Bilder dann entstanden, wenn sich die Versuchsperson stark konzentrierte, wenn sie ein reales Bild länger betrachtete oder eine Zeichnung anfertigen sollte. Besonders verblüffend waren auch die Bilder der im Raum anwesenden Wissenschaftler, die Tamara während der Testphasen anblickte. Diese Bilder waren in einigen Details etwas verfremdet. Sie zeigten nicht genau die angesehene Person, sondern das Gesicht so, wie es das Mädchen in der Erinnerung behalten hatte.

Ich ließ mir die Bilder der „Erinnerungsgesichter" ausdrucken und machte zum Vergleich Fotoaufnahmen der realen Personen.

Nach mehreren Sitzungen war Tamara so weit, dass sie uns das Bild eines Textes zuschicken konnte, der gerade vor ihr lag und den sie intensiv betrachtete.

Nun war es wirklich höchste Zeit geworden, sich um die Statistikklausur zu kümmern. Tamaras theoretische Kenntnisse waren zwar durch die Test- und Übungsphasen, bei denen sie mit dem Rechner verbunden war, passabel geworden. Ich war mir aber nicht sicher, ob ihre mathematischen Fähigkeiten ausreichen würden, die Klausur zu bestehen und dann auch noch die Note „sehr gut“ zu erreichen, wie es ihr Prof. Dr. Dr. M. versprochen hatte.

Doch der Projektleiter hatte schon eine Lösung parat. Er nannte das die „traditionelle Methode“. Tamara sollte, sobald die Klausuraufgaben verteilt sein würden, den Text ganz ruhig durchlesen und sich die einzelnen Blätter genau einprägen, so wie es in den Testsitzungen oft geübt worden war. Der Projektleiter versicherte ihr, die Lösungen würden dann sofort in ihrer Erinnerung bereitstehen. Sie müsste nur ganz entspannt sein.

Prof. Dr. Kb., der die Aufgaben zur Statistikklausur stellte, war nicht in das Projekt „Externe Intelligenz“ eingeweiht. Für ihn war unsere Versuchsperson eine Studierende unter vielen. Er kannte wahrscheinlich nicht einmal ihren Namen und wusste nur, dass es der letzte Versuch von Tamara sein würde und sie müsste die Klausur bestehen, um weiter an unserer Hochschule zu bleiben.

Die erste Prüfung

Am Tag der Statistikklausur versammelten sich die angemeldeten Kommilitonen vor dem Audimax. Wie zufällig spazierte ich an den Gruppen der nervös durcheinander schnatternden Studentinnen und Studenten vorbei.

Tamara war gekommen und begrüßte gerade Dr. UP. mit Wangenkuss. Ich freute mich, dass er sich die Zeit genommen hatte, sie an diesem großen Tag aufzumuntern. Das Mädchen genoss sichtlich die neidischen Blicke ihrer Kommilitoninnen. Später verriet mir meine Assistentin, sie habe aus den Gehirnströmen erkennen können, dass die beiden die Nacht zusammen verbracht hatten.

Auch ich wünschte unserer Versuchsperson viel Erfolg und betonte nochmals, sie sollte ganz ruhig bleiben.

Nachdem die Aufgabenbögen für die Klausur verteilt waren, versammelte sich das Projektteam in einem der Labore unserer Informatiker. Alle warteten auf die ersten Bildübertragungen der Prüfungsaufgaben, die in diesem Moment vor der Versuchsperson liegen mussten und von ihr konzentriert betrachtet wurden. Die Aufgaben waren sehr schwer, zumindest kam es Tamara so vor. Meine Assistentin kontrollierte auf einem kleinen Bildschirm im Hintergrund des Labors die Gehirnströme. Was wir dabei sahen, war ein richtiges Gewitter im Gehirn. Ich rief Prof. Dr. Dr. M. hinzu und machte ihn darauf aufmerksam. Er erschrak: „Hoffentlich bahnt sich da jetzt kein epileptischer Anfall an. Das sieht ganz danach aus.“ Dr. UP. betrachtete sich die Kurven. Er war blass wie eine Wand. „Das ist ein epileptischer Anfall. Wir müssen sofort abbrechen.“ Der Kollege, der die Steuerung des Prozessors im Gehirn überwachte und ihn zuvor auf Sendung geschaltet hatte, drehte sich zu uns um. „Soll ich abbrechen?“

In diesem Augenblick kamen freudige Rufe aus der Ecke des Labors, in der die Informatiker vor dem Monitor auf Bilder warteten. „Die Klausuraufgaben sind da. Klar und scharf. Die Übertragung funktioniert bestens.“

Einer der Informatiker überflog rasch die Aufgaben. Ohne große Mühe erarbeitete er die Lösungen für die Berechnungen. Er brauchte dazu nur ein paar Minuten. Dann gab er die Rechenschritte sorgfältig in seinen Computer ein, Zeile für Zeile, zum Schluss das Ergebnis. So löste er alle mathematisch-statistischen Aufgaben der Klausur.

Wir waren alle gespannt, ob die Übertragung funktionierte.

In Tamaras Gehirn gewitterte es immer noch. Allmählich beruhigten sich die Kurven der Gehirnwellen wieder. Es entstand das Bild normaler geistiger Anspannung. Kein Zweifel, die Studentin hatte die Sendung empfangen und schrieb jetzt die Lösung auf, die sie in ihrem Gedächtnis vor sich sah.

Im Raum brauste ein Jubel auf, wie man ihn von den irdischen Kontrollstationen kennt, wenn ein Raumschiff sicher gelandet ist.

Tamara hatte die Aufgaben schneller gelöst als ihre Kommilitonen. Am Bildschirm konnten wir mitverfolgen, wie sie die Lösungsblätter nochmals durchlas. Auch die anwesenden Wissenschaftler konnten keine Fehler erkennen. Bei manchen der theoretischen Fragen hatte sie nicht nur die Antwort wortwörtlich aus dem Lehrbuch übernommen, sondern sogar noch um Aussagen aus wissenschaftlichen Abhandlungen ergänzt und vollständig zitiert.

Dr. UP. lief hinüber ins Audimax, wo sein Schützling gerade die Klausurlösungen den aufsichtsführenden Assistenten übergab. Sie gesellte sich zu den anderen Studentinnen und Studenten, die nach dieser Anstrengung teils heiter, teils frustriert zusammenstanden. Per SMS teilte er uns mit, dass die Übertragung nun beendet werden könnte.

Die Sendung wurde abgeschaltet und meine Assistentin beobachtete, wie das EEG in die Ruhephase kam. Tamara war müde.

Nach einigen Tagen suchte Frau Dr. A. L. den Kontakt zu einem der Assistenten von Prof. Dr. Kb., den sie näher kannte und fragte, wann mit den Ergebnissen der Statistikklausur zu rechnen sei. Er war sehr gutmütig und immer auf der Seite der Studierenden. H. wusste, wie viel bei einigen von ihnen vom Ergebnis abhing. Wer durchgefallen war, musste sich nach einem Job auf dem Arbeitsmarkt umsehen.

Von Rutters Keller, den er manchmal besuchte, kannte er Tamara und auch ihre Probleme mit der Statistik. Der gute Junge hatte immer das Gefühl, er werde von dieser Aushilfskellnerin besonders zuvorkommend bedient und nett angelächelt. Daher erzählte er meiner Assistentin ungefragt, wie sehr er sich freute, dass es Tamara diesmal geschafft habe. Nicht nur ausreichend, sondern eindeutig mit der Note „sehr gut". Er führte diesen Erfolg auf seine Statistikübungen zurück und die pädagogische Fähigkeit, die er gerade bei dieser Studentin an den Tag gelegt habe.

Als die offiziellen Klausurergebnisse aushingen, schwebte Tamara auf einer Wolke. Der Moment, als sie „sehr gut" mit eigenen Augen lesen konnte, wurde von Frau Dr. A. L. aufmerksam verfolgt. Sie zeichnete die Situation der „Glückskurven" im Kopf der Versuchsperson auf und meinte, dieses EEG werde nur noch von den Phasen übertroffen, wenn Dr. UP. mit Tamara intim sei.

Ich wollte das gar nicht hören und hatte zudem ein schlechtes Gewissen. Wir hatten zwar einen bedeutenden wissenschaftlichen Erfolg erreicht, aber genau genommen war das Ganze ein ausgesprochener Betrug, der rein rechtlich die Aberkennung der Prüfungsleistung nach sich gezogen hätte.

Das Semester ging allmählich zu Ende. Unsere Studentin war noch immer glücklich, wie perfekt sie die Klausur bestanden hatte und war nun mit besonderem Eifer bei den Tests, die jeden Wochentag drei Stunden andauerten.

Frau Dr. A. L. entwickelte unterschiedlichste Interpretationstechniken der EEG-Auswertungen und verbrachte viel Zeit damit, sich die Bilder aus Tamaras Gedächtnis anzusehen und mit den Gehirnströmen zu vergleichen. Dabei stellte sie fest, wie gering die Korrelation der Gedächtnisbilder mit den Gehirnwellen war. Ich führte das darauf zurück, dass bei den Untersuchungen wahllos Eindrücke aus der Erinnerung herausgefiltert werden, die nicht im gleichen Moment von der Versuchsperson ins Gedächtnis gerufen werden. Lediglich in ganz besonderen Situationen konnten wir eine genauere Übereinstimmung von Bild und Emotion feststellen, obwohl eine solche zweifellos vorhanden war und nur noch nicht von uns synchronisiert werden konnte. Meine Assistentin versprach, daran zu arbeiten.

Während wir Verhaltensforscher uns mit diesem mehr passiven Problem des Experimentes beschäftigten, waren die Informatiker schon ein großes Stück weitergekommen. Die neu entwickelte künstliche Intelligenz auf dem Zentralrechner war bereit, mit Tamaras Prozessor verbunden zu werden. Diese Software sollte der Versuchsperson bei der abstrakten Problembewältigung helfen. Sie war dahingehend programmiert, aus den in der Versuchsperson gespeicherten Informationen und den extern auf dem Computer vorhandenen Daten Verknüpfungen herzustellen. Nach Meinung von Prof. Dr. B. war der entscheidende Schritt in Richtung „Externe Intelligenz" gelungen.

Neben der neuen Software im Zentralrechner waren an diesem Punkt des Experimentes auch mehrere Online-Verbindungen über das Internet offengeschaltet worden. Die Versuchsperson hatte damit Zugang zu Suchmaschinen, zu Wikipedia und den wichtigsten sozialen Netzwerken. Tamara absolvierte regelmäßig Tests zur Überprüfung der neuen selbstlernenden Software. Zu diesem Zeitpunkt war der Zentralrechner nicht nur in diesen Stunden auf „Sendung", sondern er blieb jetzt immer eingeschaltet.

Das wusste ich zu diesem Zeitpunkt des Experimentes noch nicht.

In jener Phase des Projektes hatte ich keinen Kontakt zu unserer Versuchsperson. Frau Dr.

A. L. überwachte regelmäßig die Gehirnströme und legte umfangreiche Dateien über bestimmte Wellenmuster und Erinnerungsbilder an, die sie aus Tamaras Gehirn gespeichert hatte. Von anderen Studierenden hatte meine Assistentin erfahren, unsere Versuchsperson sei mittlerweile zum Star der Hochschule geworden. Alle wollten wissen, wie sie es geschafft habe, in Statistik die Note „sehr gut" zu ergattern. Manche Neider munkelten, sie habe bestimmt mit dem alten Prof. Kb. geschlafen, der ihr die Klausuraufgaben besorgt habe. Frau A., eine meiner Laborassistentinnen, berichtete mir, sie habe Tamara in der Mensa getroffen, umlagert von vielen Studentinnen und Studenten.

Das Mädchen unterhielt dabei die anderen mit kleinen „Kunststückchen", wie sie es selber nannte. Jedem konnte sie mühelos seine Hobbys aufzählen, wo er in Urlaub gewesen und wie sein jeweiliger Beziehungsstatus war. A. kam es so vor, als würde ein Gedankenleser vor Publikum auftreten. Es entstand eine Mischung aus ungläubigem Staunen und einer gewissen Scheu vor einer Person mit solchen Fähigkeiten, die man doch gut zu kennen glaubte.

Zum Glück war das Semester schon zu Ende gegangen und die vorlesungsfreie Zeit begann. Auch dem Projektleiter waren die Auftritte Tamaras bei den Kommilitoninnen und Kommilitonen nicht verborgen geblieben. Er bat mich daher, das Gespräch mit unserer Versuchsperson zu suchen, Verhaltensauffälligkeiten zu analysieren und ihm darüber zu berichten.

Auszugsweise Wiedergabe des Gespräches am XX. XX. XX.

Institut für quantitative Verhaltensforschung

Anwesend: Versuchsperson (VP); Prof. Dr. R.; Frau Dr. A. L. (Protokoll)

(Auf Tonträger aufgezeichnet mit Zustimmung der VP)

Prof. Dr. R.: „Wie geht es Dir jetzt, Tamara, fühlst Du Dich gut?"

VP: „Mit mir ist alles in Ordnung. Die bestandene Klausur hat mich viel sicherer gemacht. Jetzt will ich nur noch so schnell wie möglich mein Examen machen und dann suche ich mir gleich ein Thema für die Doktorarbeit."

Prof. Dr. R.: „Ich habe gehört, Du veranstaltest manchmal kleine Showauftritte und verblüffst dabei Deine Umgebung mit dem Wissen über ihr Leben."

VP (lacht): „Das ist gar nicht schwer. Ich rufe einfach in meinem Gedächtnis die Seiten der Personen in den sozialen Netzwerken ab. Egal, was jemand bei Facebook, Instagram, Twitter oder sonst wo postet, ich sehe es genau vor mir. Sie sind beispielsweise ein bekennender Star Wars Fan."

Prof. Dr. R.: „Das ist nicht schwer zu erraten, immerhin schließe ich jedes Semester mit dem Spruch: Möge die Macht mit Euch sein."

VP: „Ja, und letzte Woche haben Sie ein Bild von sich mit einem Laserschwert vor unserer Sternwarte auf Facebook gepostet."

Prof. Dr. R.: „Kommst Du über den Prozessor auf diese Internetseiten und hast Du Dir das alles so genau gemerkt?"

VP: „Ja, ich komme auf alle Seiten, die ich mir ansehen will. Ich kann in meinem Gedächtnis surfen wie auf einem Notebook und wie mit dem Handy alle Seiten aufrufen. Ich muss mir gar nichts merken. Es ist immer alles da. Ich bin doch jetzt die ganze Zeit mit dem Rechner verbunden."

Prof. Dr. R. (sehr erstaunt): „Du bist jetzt immer mit dem Rechner verbunden? Das wusste ich nicht. Hat sich danach etwas für Dich geändert?"

VP: „Kurz nachdem die neue Software auf den Rechner geladen wurde, war der Sender immer aktiv. Prof. Dr. B. meinte, das sei erforderlich, damit sich das autonom lernende Programm mit den Daten in meinem Kopf zurechtfindet. Für mich war es keine große Umstellung. Ich kenne das Gefühl ja schon von den Tests, wenn der Rechner nur zeitweise auf Sendung war."

Prof. Dr. R.: „Wie empfindest Du die Datenflut, die jetzt in Deinem Kopf ist?"

VP: „Das war nur am Anfang etwas gewöhnungsbedürftig, als der Zentralrechner auch für Online-Dateien geöffnet wurde. Da war auf einmal so unbeschreiblich viel Neues in meinem Kopf. Aber daran habe ich mich schon nach ein paar

Stunden gewöhnt. Es war einfach so wie surfen im Internet, nur dass ich jetzt keinen Computer und kein Handy mehr brauche. Ich habe ja jetzt alles in mir." (VP lacht.)

Prof. Dr. R.: „Ist das nicht manchmal zu viel an Informationen, Bildern oder Eindrücken? Verwirrt Dich das nicht?"

VP: „Nein im Gegenteil. Es macht mir großen Spaß. Wenn mir langweilig ist, surfe ich einfach in meinem Kopf. Das ist so, als ob ich mir Erinnerungen in den Kopf rufe, nur dass die Bilder viel klarer und eindeutiger sind."

Prof. Dr. R.: „Siehst Du auch manchmal Bilder, die Dir nicht gefallen oder die Dir Angst machen?"

VP: „Nein, das ist ganz einfach. Wenn ich früher irgendetwas gesehen habe, das mir nicht gefallen oder mich beunruhigt hat, zum Beispiel im Fernsehen oder im Internet, dann hat mich dieses Bild oft tage- oder wochenlang verfolgt. Das ist jetzt ganz anders, ich lasse nur Bilder in meinem Kopf zu, die mir gefallen. Alles andere vergesse ich ganz schnell."

Prof. Dr. R.: „Wenn Du Deine Kunststücke vorführst, hast Du dann keine Angst, dass Du Deiner Umgebung zu viel von unserem Experiment verrätst?"

VP: „Nein, ich bin da sehr vorsichtig. Wenn sich meine Freunde darüber wundern, was ich alles weiß, sage ich, durch das Lernen vor der Statistikklausur hat sich mein Gedächtnis unglaublich gebessert und ich kann mir Sachen viel besser merken. Besonders, was ich in den sozialen Netzwerken gesehen habe. Ich verrate ja niemandem, dass ich mir das alles im Kopf abrufen kann. Ich denke, sie glauben meine Geschichte. Über das Experiment verrate ich niemanden etwas und Dr. UP. (VP verwendet wieder den Vornamen) weiß ja sowieso über alles Bescheid."

Prof. Dr. R.: „Hast Du manchmal das Gefühl, Deine Gedanken sind jetzt geordneter als zuvor. Ich meine damit nicht, das, was Du siehst, sondern wenn Du nachdenkst oder ein Problem löst?"

VP: „Gut, dass Sie das ansprechen. Mir ist aufgefallen, dass ich jetzt viel besser rechnen kann. Wenn ich tanke, dann weiß ich sofort wie viel ich auf hundert Kilometer verbraucht habe, und wenn ich einen Preis in Dollar sehe, dann weiß ich auch sofort wie viel Euro das sind. Wenn ich mehrere Zahlen zusammenrechne, zum Beispiel beim Einkaufen, dann brauche ich keinen Zettel oder Taschenrechner mehr, das geht jetzt alles im Kopf."

Prof. Dr. R.: „Kannst Du Dir vorstellen, woran das liegt?"

VP: „Ich denke, das kommt davon, dass ich jetzt in vielen Dingen sicherer bin als zuvor. Ich habe einfach mehr Selbstvertrauen."

Prof. Dr. R.: „Denkst Du manchmal daran, dass in Deinem Kopf ein Prozessor ist und Du mit einem externen Computer kommunizieren kannst?"

VP: „Eigentlich nicht. Ich habe mich daran gewöhnt, Dinge aus meinem Gedächtnis abzurufen, die vorher nicht da waren. Es kommt mir mittlerweile ganz natürlich vor."

.....

(Bewertung des Gespräches durch Prof. Dr. R.:

VP zeigt keine Verhaltensauffälligkeiten. Ihr Umgang mit der Experimentsituation ist entspannt. Die Vermutung, es könnte bei der VP zu einem Information-Overload kommen, hat sich nicht bestätigt. Die geschilderten Verbesserungen der Rechenfähigkeit und anderer kognitiver Leistungen können als erste Auswirkungen der neuen Software (KI) angesehen werden. Weitere Entwicklungen der individuellen Intelligenz durch die verbundene externe künstliche Intelligenz sollten überprüft werden.)

Nachdem Tamara den Raum verlassen hatte, nutzte ich die Gelegenheit, mit meiner Assistentin die Situation zu besprechen und das Verhalten der jungen Frau zu analysieren.

An dieser Stelle muss ich erwähnen, dass Frau Dr. A. L. vor ihrem Studium eine Ausbildung zur Theatervisagistin absolviert hat. Auch jetzt noch arbeitete sie nebenbei in diesem Fach und war bei angesagten Fotographen und Modellen gut im Geschäft. Sie hatte ein Auge dafür, wie Frauen ihr Äußeres verschönern, und sie verstand es, durch ihre Kunst die „wahre Schönheit" einer

Person zum Ausdruck zu bringen. Dabei hatte sie auch einen sicheren Blick für den Charakter eines Menschen entwickelt und erkannte sehr treffsicher, wie sich eine Person selbst sieht und wie sie gesehen werden will.

Im Falle Tamaras war ihr aufgefallen, wie sehr die Studentin jetzt gesteigerten Wert auf ihr Äußeres legte, und welches Make-up sie jetzt häufig trug. Frau Dr. A. L. sah darin freilich keine durch das Experiment ausgelöste Verhaltensänderung, sondern das Ergebnis eines neuen „Beziehungsstatus".

Mich verblüffte es immer wieder, wie rasch meine Assistentin Zugang zu den Studierenden fand. So hatte ihr Tamara auch voll stolz über ihr Verhältnis mit Dr. UP. berichtet, mit dem sie während der Semesterferien nach New York fliegen wollte. Diese Reise würde sogar auf Kosten des Instituts erfolgen, denn dabei wollte man Erkenntnisse darüber gewinnen, ob die Verbindung zwischen dem externen Rechner und dem Prozessor in Tamaras Kopf auch über weite Entfernungen aufrechterhalten werden könnte.

Ich vermutete, Dr. UP. wollte durch die Reise vermeiden, dass zu viele von Tamaras ekstatischen Gehirnströmen auf dem Laptop meiner Assistentin landen.

Ein besonderes Detail wusste Dr. A. L. noch zu berichten: Unsere Studentin hatte ihr anvertraut, sie könne nun direkt und ganz spontan aus ihrem Kopf heraus Nachrichten an Dr. UP. senden, die dann auf seinem Handy erscheinen. Das ginge genauso wie bei WhatsApp, nur Tamara benötigte dazu kein Handy. Sie würde im Kopf ganz einfach die Nummer von Dr. UP. anwählen und sich einen Text ausdenken. Sofort könnte Dr. UP. dann die Botschaft auf seinem Handy lesen. Als sie das zum ersten Mal ausprobiert habe, wäre Dr. UP. ganz überrascht gewesen, weil keine Absenderkennung oder Nummer übermittelt wurde und der Text wohl etwas sehr offen war. Nun funktioniere diese Art der Kommunikation aber ganz einwandfrei und sie würden nicht nur Texte, sondern auch Bilder auf diese Weise austauschen.

Als ich davon hörte, war ich mir nicht sicher, ob Tamara wusste, dass ihre Nachrichten und Bilder natürlich über den mit ihr verbundenen Server liefen und dort gespeichert wurden. Die Informatiker dürften sicher viel Freude an dieser Art der Kommunikation gehabt haben.

Um die Intimsphäre unserer Versuchsperson zu schützen, sprach ich Prof. Dr. B. darauf an. Er bestätigte mir, diese Nachrichten würden auf dem Server empfangen und auch gespeichert. Außer ihm habe jedoch nur Dr. Z. Zugang zu diesen Daten und dieser sei absolut vertrauenswürdig und verschwiegen. Ihn schien dieses Eindringen in die Gefühlswelt unserer Versuchsperson weniger zu beunruhigen als mich. Er wechselte das Thema und berichtete mir vom Erfolg des selbstlernenden Programms. Wie die letzten Tests gezeigt hätten, habe sich die intellektuelle Leistung unserer Versuchsperson signifikant gesteigert. Die vorgelegten umfangreichen mathematischen Probleme habe sie in kürzester Zeit und fehlerfrei lösen können, ebenso komplizierte logische Prozesse. Aufgaben zur booleschen Algebra, die Tamara selbst völlig unbekannt waren, seien zunächst nicht gelöst worden, doch bei einem zweiten Testlauf habe auch das einwandfrei funktioniert. Dadurch werde deutlich, wie schnell sich die selbstlernende Software auch auf neue Problemstrukturen einstellen kann. Die künstliche Intelligenz funktioniert und der Erfolg unseres Experimentes zur „Externen Intelligenz" sei schon jetzt gesichert.

Der Plan des Projektleiters

Während der vorlesungsfreien Zeit traf sich das engere Projektteam noch ein paar Mal im Büro von Prof. Dr. Dr. M., um den weiteren Ablauf des Experimentes zu besprechen. Die allgemeine Meinung war, die Versuchsperson sei mittlerweile zu intellektuellen Leistungen fähig, die bei ihr zuvor nicht für möglich gehalten worden wären. Der Projektleiter sammelte die Zwischenberichte der einzelnen Professoren ein und äußerte sich überaus befriedigt darüber.

Ich konnte nichts anderes beitragen als die Feststellung, bei der Versuchsperson seien keinerlei Verhaltensauffälligkeiten oder Verhaltensstörungen zu beobachten.

Das Experiment „Externe Intelligenz" sei auf einem guten Weg, lobte Prof. Dr. Dr. M. die versammelten Kollegen. Irgendwie kam ich mir wie in der Schule vor, wenn der Lehrer an besonders brave Schüler Fleißkärtchen verteilt.

In den Semesterferien war an unserer Hochschule eine gewisse Ruhe eingekehrt. Der Projektleiter war jetzt die meiste Zeit auf dem Golfplatz, um sein Handicap zu verbessern. Frau Prof. Dr. Mb. hatte sich in die Katakomben ihrer Reinräume zurückgezogen und unsere Mediziner waren irgendwo in der Uniklinik unterwegs. Nur Prof. Dr. B. und Dr. Z. überwachten die Monitore und den Server, mit dem Tamara verbunden war.

Meine Assistentin war zu ihren Eltern nach Toronto geflogen. Ich zweifelte keinen Moment daran, sie würde auch dort mit ihrem Notebook die Gehirnströme Tamaras weiter im Auge behalten.

Da unser Server mit dem Internet verbunden war, riss der Kontakt zu unserer Versuchsperson auch dann nicht ab, als sie mit Dr. UP. in New York ankam.

Zu dieser Zeit kamen mir die ersten Bedenken, ob wir die Kommunikation zwischen dem Prozessor in Tamaras Gehirn und dem Zentralrechner auch ausreichend gegen Außeneinflüsse abgesichert hätten. In der Tat verlief die Kommunikation über mehr oder weniger offene Netze. Ich trug Prof. Dr. B. meine Bedenken vor. Immerhin könnte es denkbar sein, jemand Fremdes würde einen Hackerangriff auf den Zentralrechner starten und damit auch auf Tamaras Gehirn.

Prof. Dr. B. zerstreute meine Vorbehalte und rief sogar Prof. Dr. Tr. zu sich. Dieser war ein anerkannter Experte auf dem Gebiet der Computersicherheit und der sogenannten kryptischen Systeme. Seiner Meinung nach war unser Zentralserver ausreichend gegen Hackerangriffe geschützt. Die dabei verwendeten Verschlüsselungen seien die denkbar sichersten Applikationen. Einen direkten Angriff auf Tamaras Gehirn hielt er für ausgeschlossen, denn nur ein kleiner, verschwiegener Kreis wusste von dem Experiment und dem implantierten Prozessor.

Das beruhigte mich.

Noch vor dem Ende der Semesterferien und während Tamara noch mit Dr. UP. in den USA Urlaub machte, versammelte Prof. Dr. Dr. M. das Team wieder in seinem Büro. Ihm war eine, wie er sich ausdrückte, grandiose Idee gekommen: Unsere Versuchsperson sollte an einer der beliebten Quizsendungen im Fernsehen teilnehmen. Dabei könnte sie ihre exorbitanten Fähigkeiten unter Beweis stellen. Danach würde er in einer großen Pressekonferenz sein Projekt vorstellen und damit aller Welt beweisen, welchen Fortschritt seine Forschungen für die künftige Evolution der Menschheit bieten würden. Das wäre der Knalleffekt, der weltweit für Aufmerksamkeit sorgt. Der Nobelpreis sei danach nur noch eine Frage der Zeit.

Die anwesenden Kollegen trauten ihren Ohren nicht. Prof. Dr. Dr. M. war allseits dafür bekannt, dass er seine Forschungen gut zu vermarkten und sich dabei selbst ins rechte Licht setzen konnte. Im Gegensatz dazu arbeiteten die meisten der Anwesenden lieber im Stillen und veröffentlichten ihre Forschungen regelmäßig in

Fachpublikationen oder in dicken Büchern. Als der Projektleiter sah, wie wenig die Begeisterung für seine Idee geteilt wurde, wandte er sich hilfesuchend zu mir um: „Was meint denn unser Marketingmann zu meinem Vorschlag?“

Alle Augen richteten sich auf mich: „Die Idee, mit einem Knalleffekt an die Öffentlichkeit zu treten, hat schon etwas Faszinierendes. Ich habe keine Zweifel daran, dass unsere Versuchsperson alle nur denkbaren Fragen eines Fernsehquiz perfekt beantworten wird. Das haben die bisherigen Ergebnisse gezeigt. Ich gehe davon aus, dass sie erst nach der Sendung, wenn der Preis mit großem Jubel verteilt wird, die Ursache für den Gewinn aufklären wollen.“

Prof. Dr. Dr. M. nickte zustimmend: „Natürlich darf die externe Intelligenz vorher nicht bekannt werden, das würde die Spannung vernichten. Es muss so aussehen, als wüsste eine sympathische Frau die Antwort auf alle Fragen. Dann kommen wir und lüften ein paar Tage später das Geheimnis. Wir erzählen die Geschichte einer durchschnittlichen Studentin, die mit unserer Hilfe zu einem Genie geworden ist.“

Ich konnte mir schon jetzt gut vorstellen, was kommen würde, und fiel Prof. Dr. Dr. M. ins Wort: „Jetzt will ich als Marketingmann erklären, was danach passieren wird. Sie zeigen dem Publikum, dass mithilfe ihrer Entwicklung jeder Mensch unglaubliches Wissen haben kann, ohne sich anzustrengen. Es bedarf nur eines von uns entwickelten Prozessors eines Zentralrechners, wie er hier bei uns in Z. steht und der von uns entwickelten Software zu künstlicher Intelligenz. Wir wecken damit den Wunsch der Leute, es dem Quizstar gleich zu tun. Alle wollen intelligent sein, egal wie blöde oder ungebildet sie bisher waren. Es wird seine Nachfrage entstehen und daraus ein Markt. Sind wir darauf vorbereitet?"

Prof. Dr. Dr. M. schien den Sinn meines Einwurfes nicht verstanden zu haben. „Ja, es wird sich eine gigantische Nachfrage entwickeln und wir werden darauf vorbereitet sein. Jedes Jahr melden wir hier reihenweise Patente an. Den Prozessor und die Software zu patentieren wird für uns kein großes Problem sein. Unsere Patentanwälte warten nur darauf. Das wird recht schnell gehen. Gleichzeitig sollen auch die Vertragsentwürfe für die Lizenzvergaben vorbereitet werden. Wir werden ja nicht den ganzen Markt mit den Möglichkeiten unserer Hochschule bearbeiten können. Am besten wir gründen eine eigene Firma oder besser zwei. Ein Produktionsunternehmen und eine eigene Organisation für die Lizenzvergabe. Das wird ein Milliardengeschäft und wir alle werden reich, unbeschreiblich reich."

Als Professor für Betriebswirtschaftslehre hätte ich nun begeistert zustimmen müssen. Doch ich hatte ein äußerst ungutes Gefühl. Zugang zu unbeschränktem Wissen für jedermann.

Das hatte es in der Geschichte der Menschheit noch nie gegeben. Schulen und Universitäten würden mit einem Schlag überflüssig. Wer sollte dafür verantwortlich sein, was auf die Server geladen wird? Würde die Menschheit aufgrund unserer Erfindung in ihrer Gesamtheit den Weg der kollektiven Verblödung gehen und begann vielleicht die Diktatur der Informatiker? Welche Macht würde hinter den Programmierern stehen? Vielleicht die dunkle Seite der Macht?

Meine Kollegen wurden allmählich von der Begeisterung des Projektleiters mitgerissen. Man rief schon nach Champagner, von dem einige Flaschen immer im Kühlschrank des Dekans standen. Viele der sonst so nüchternen Wissenschaftler sahen sich schon als Milliardäre auf ihren Jachten ruhen und erkannten nicht, wie sie gerade planten, den Ast abzusägen, auf dem wir alle saßen.

Nur Prof. Dr. B. blieb ganz ruhig. Geld hatte ihm nie etwas bedeutet. In jungen Jahren war er ein bekennender Juso. Ohne dass er sich äußern musste, spürte ich, er teilte meine Bedenken. Jetzt ergriff er in seiner ruhigen und sachlichen Art das Wort: „Haben wir nicht die Förderanträge gestellt, weil wir medizinisches Neuland betreten wollten. Wir sollten doch der Gesundheit einen Dienst erweisen und nicht einer Gesellschaft, die auf intellektuelle Nivellierung aus ist."

Prof. Dr. Dr. M. wischte seinen Einwurf zur Seite: „Sobald die Milliarden fließen, werden wir die Fördergelder aus der Portokasse zurückzahlen können und das Argument der intellektuellen Nivellierung hört sich aus ihrem Mund, lieber Kollege, etwas deplatziert an. Waren sie nicht früher ein glühender Sozialist, der sich immer für gleiche Bildungschancen starkgemacht hat? Jetzt haben wir diese Möglichkeit. Machen wir der Gesellschaft dieses Geschenk."

Nun schob Prof. Dr. B. sein stärkstes Argument nach: „Wie wir feststellen mussten, ist die Software zur künstlichen Intelligenz noch nicht ganz ausgereift. Es ist erforderlich, noch weitere Algorithmen einzubauen, um die notwendige autonome Anpassung sicher zu gewährleisten. Wir können die Programme und Quellcodes noch nicht so dokumentieren, wie es für eine Patentierung notwendig wäre. Ich schlage daher vor, zum gegenwärtigen Zeitpunkt noch nicht mit dem Projekt an die Öffentlichkeit zu gehen."

Prof. Dr. Dr. M. wirkte etwas säuerlich, als ob man einem Kind an Heiligabend gesagt hätte, Weihnachten wäre erst in vierzehn Tagen. Dem Hinweis des Informatik-Dekans konnte er freilich nichts entgegensetzen.

Dennoch bestand er darauf, unsere Versuchsperson bei einem publikumswirksamen Fernsehquiz anzumelden. Davon ließ er sich nicht abbringen und wurde von den übrigen anwesenden Kollegen in dieser Idee bestärkt. Nun war ich wieder gefordert. Als Professor für digitales Medienmarketing hatte ich eine ganze Reihe von Studierenden ausgebildet, die nun in wichtigen Positionen in Medienunternehmen beschäftigt waren.

Ausgesprochen stolz war ich auf zwei unserer Absolventen, die in die USA gegangen waren und dort für die Animationen einiger Star-Wars-Episoden verantwortlich zeichneten. Zum Ärger der anderen Besucher blieb ich im Kino immer auf meinem Platz sitzen, bis die Namen meiner ehemaligen Studenten auf den unendlich langen Abspannlisten der Filme auftauchten.

Ich hatte vor sehr vielen Jahren, damals gab es noch keinen Masterabschluss, sondern noch ein Diplom, eine Studentin bei ihrer Abschlussarbeit betreut, die heute Programmchefin bei einem der größten deutschen Sender ist. Ich konnte mich noch gut an ihre Diplomarbeit erinnern, die gar kein Medienthema zum Inhalt hatte, sondern die Möglichkeiten der Datenübertragung durch sogenannte Aktivchips. Das hatte ja auch irgendetwas mit unserem Experiment zu tun.

Als sie ihre Diplomarbeit schrieb, war die RFID-Technologie eine aktuelle Innovation, heute ist sie Standard und im täglichen Leben nicht mehr wegzudenken. Doch damals war es Zukunftsmusik wie heute unser gegenwärtiges Experiment. Ich konnte mich noch sehr gut an meine ehemalige Diplomandin erinnern. Sie stammte aus Syrien, und ich hatte das Vergnügen, vor einigen Jahrzehnten meinen Geburtstag mit ihr zu feiern. Im Folgenden werde ich sie Nadja nennen.

Unsere Versuchsperson für ein Casting bei einer der großen Quizsendungen anzumelden, bereitete mir keine großen Schwierigkeiten. Nadja hatte sich über meinen Anruf sehr gefreut und versprach mir, Tamara dem Verantwortlichen für dieses Format beim Sender zu empfehlen. Dieser verstand den Hinweis seiner Chefin richtig, und so hielt unsere Versuchsperson nach wenigen Tagen die Einladung zur Vorstellung beim Sender in den Händen.

Ich hatte diese Quizsendung noch nie gesehen. Fernsehen gehört nicht zu meinem bevorzugten Zeitvertreib. Tamara kannte sie auch nicht. Sendungen, bei denen es um Wissen oder Raten ging, waren noch nie ihre Sache gewesen. Da sie allerdings über den Zentralserver Zugriff auf die Mediathek des Senders hatte, konnte sie sich in ihrem Kopf alle bisherigen Sendungen zumindest ausschnittweise „ansehen" und wusste bald Bescheid, um was es dabei ging. Besonders begeistert war sie von der Möglichkeit, eine Million zu gewinnen und besprach schon mit meiner Assistentin, was sie mit dem Geld machen würde.

Frau Dr. A. L. kannte die Quizsendung. Sie hatte sie ein paarmal gesehen, weil sie es ganz spannend fand, wenn Menschen, die schon viele

Fragen richtig beantwortet hatten und kurz davorstanden, große Geldsummen einzustreichen, mit einmal alles wieder verloren. Sie schilderte mir, um was es dabei ging und versuchte mir die Spielregeln zu erklären.

Das Quiz ging über mehrere Runden und wurde in regelmäßigen Abständen live gesendet. Die Fragen der ersten Runden waren zunächst sehr leicht, zum Beispiel: Welches Tier liegt bei Rotkäppchen im Bett der Großmutter? und es gab nur einen geringen Geldbetrag. Der Kandidat oder die Kandidatin konnten sich entscheiden, ob sie den Betrag behalten oder weiterspielen wollen. Von Runde zu Runde wurden die Fragen schwieriger: Wann veröffentlichten die Gebrüder Grimm die erste Auflage ihrer Hausmärchen?. Gleichzeitig verdoppelte sich auch der Gewinn und stieg schnell vom zehntausender in den hunderttausender Bereich. Nur wenige brachten den Mut auf, auszusteigen, und das Publikum im Saal animierte dazu, immer weiter zu machen. Die meisten Mitspieler scheiterten schließlich an einer Frage im Wert eines Einfamilienhauses: Wie hieß der Hund der Schwester von Jacob Grimm? Dem Publikum gefiel das, denn Schadenfreude trägt immer sehr zur Unterhaltung und Erheiterung bei.

Die einzelnen Fragen kamen aus unterschiedlichen Wissensgebieten und wurden streng geheim von einem Expertengremium zusammengestellt, das auch dem Moderator der Sendung die richtigen Antworten vorbereitete.

An einer solchen Livesendung sollte unsere Versuchsperson teilnehmen.

Zum Casting fuhr Tamara zusammen mit Dr. UP., Frau Dr. A. L. und mir zum Sender nach M. Der junge Mediziner schien in der Zwischenzeit der ständige Begleiter unserer Versuchsperson geworden zu sein und Frau Dr. A. L. so etwas wie die „beste Freundin“. Meine Aufgabe war darauf reduziert, über meinen Kontakt zur Programmchefin und mit ihrer Protektion den Erfolg des Castings abzusichern.

Wie sich herausstellte, hätte es mich gar nicht gebraucht. Der Produktionschef war von Tamara begeistert. Sie wirkte ruhig und ganz natürlich. Ihr offenes Lachen machte sie für die anwesenden Fernsehleute sympathisch, und die Männer und Frauen hinter den großen Kameras ermunterten das Mädchen zu entzückenden Gesten.

Schon auf der Hinfahrt hatten wir feststellen können, wie wenig aufgeregt Tamara war. Sie freute sich sichtlich darauf, bald vor der Fernsehkamera zu stehen und scherzte mit Dr. UP., der neben ihr auf dem Rücksitz saß. Meine Assistentin, die auch eine stilsichere Outfitberaterin war, hatte mit ihr zusammen eingekauft, und so konnten wir eine moderne, nicht zu extravagant gekleidete, aber modebewusste junge Frau präsentieren. Aus dem „Gedächtnis“ schilderte sie uns die besten Szenen aus vorangegangenen Sendungen und wie leicht sie jede Frage hätte beantworten können, auch solche, an denen die Kandidaten letztendlich scheiterten.

Wie erwartet war Tamara beim Casting der Liebling von allen und erhielt die Zusage, bei der nächsten Sendung dabei zu sein. Eine Regieassistentin überreichte ihr einen dicken Ordner mit wissenswerten Details und Anweisungen zu Vorbereitung. Sie sollte einen Tag vor der Livesendung anreisen, sich für eine Licht- und Tonprobe bereithalten und während der Sendung so locker sein wie heute.

Als Frau Dr. A. L. und ich wieder im Institut waren, warfen wir noch einen kurzen Blick auf die Aufzeichnungen der Gehirnströme während des Castings. Tamara war im Studio wirklich ganz ruhig und unaufgeregt. Die Wellen zeigten eine unauffällige Gehirntätigkeit. Meiner Assistentin war schon vor einigen Tagen aufgefallen, wie sich die Wellenmuster verändert hatten. Während es früher in Tamaras Gehirn noch regelmäßig „gewittert" hatte, schien sie nun fast wie ein Computer gleichmäßig und präzise zu denken.

Doch noch eine andere bemerkenswerte Beobachtung wurde mir an diesem Tag präsentiert. Frau Dr. A. L. legte mir den Ausdruck einiger „Gedächtnisbilder" vor, die sie aus Tamaras Gehirn empfangen hatte.

Es waren Aufzeichnungen des gemeinsamen Urlaubs von Dr. UP. und unserer Versuchsperson vor einigen Wochen. Zunächst hätte man sie als harmlose Urlaubsschnappschüsse interpretieren können, die nicht mit einer Kamera, sondern mit dem Auge aufgenommen und von dort im Bildgedächtnis abgespeichert wurden. Beim näheren Hinsehen wurde allerdings das gleiche Phänomen deutlich, das mir schon bei den ersten Bildübertragungen mit den Professorengesichtern aufgefallen war. Die Abbildung zeigte nicht die wirkliche Umgebung und die realen Gestalten, wie es bei einem Foto zu erwarten gewesen wäre, sondern sie gaben das wieder, was Tamara davon in Erinnerung behalten hatte, stark beeinflusst von ihrer momentanen Motivation und ihrer Erwartungshaltung.

Die Wolkenkratzer in den Straßen New Yorks waren eigenartig überhöht, die Menschen nicht deutlich unterscheidbar und bildeten eher eine amorphe Masse. Manche Ansichten wirkten bedrohlich durch Dreck und Schmutz vor mehrheitlich eher verschwommenem Hintergrund. Die Bilder, auf denen Dr. UP. zu sehen war, zeigten weniger einen dünnen, dreißigjährigen Mediziner als einen überhöht wahrgenommenen jugendlichen Helden.

Um mir dieses Phänomen der Gedächtnisbilder näher zu erläutern, hatte meine Assistentin auch einige Ansichten vom heutigen Tag des

Castings sichtbar gemacht und ausgedruckt. Diese bestärkten unsere Hypothese, dass es sich dabei nicht um die Wiedergabe realer optischer Eindrücke handelte, sondern um Bilder des Gedächtnisses, die von Tamaras Fantasie stark beeinflusst waren. Obwohl sich die Versuchsperson selbst nicht sehen konnte, war Tamara auf den Bildern zu sehen, wie sie inmitten der Kameras im Studio Platz genommen hatte. Sie trug auch nicht das modisch schlichte Kleid, sondern ein glitzerndes Outfit, zu dem wir ihr bestimmt nicht geraten hätten. Sie wirkte auf den Bildern mehr wie ein Fernsehstar als wie eine junge Studentin.

An diesem Abend erkannten wir, mit welchen Vorbehalten wir die „Gedächtnisbilder" aus Tamaras Kopf zu interpretieren hatten. Um in der Sprache der digitalen Bildbearbeitung zu bleiben, die individuellen Dispositionen und die Involvierung der Versuchsperson wirkten wie ein Filter in der optischen Wahrnehmung.

Zwischen dem Casting und dem Liveauftritt verbrachte Tamara viel Zeit mit Frau Dr. A. L. Am Ort unserer Hochschule in Z. befindet sich das größte Outlet Center Deutschlands, in dem fast alle Topmarken der modischen Welt angeboten werden. Die beiden Frauen opferten viel Zeit, um die passende Kleidung für den Fernsehauftritt auszuwählen. Sie übten sichere und lockere Bewegungen sowie den sportlichen und energischen Gang auf dem Catwalk. Meine Assistentin probierte immer wieder neue Variationen eines gelungenen Make-ups aus und war ganz in ihrem Element als Visagistin.

Prof. Dr. B. verbesserte unterdessen die Algorithmen der künstlichen Intelligenz auf dem Zentralserver. Das Programm arbeitete nun immer selbstständiger und die Anpassungsroutinen verblüfften nun sogar ihren Schöpfer. Ich konnte an Tamaras Verhalten nicht feststellen, ob sie etwas davon mitbekam. Ihre Gehirnstrommuster blieben nach wie vor unauffällig.

Ich denke, wenn sich bei unserer Versuchsperson Verhaltensauffälligkeiten gezeigt hätten, wäre es mir nicht verborgen geblieben. Wir trafen uns regelmäßig in meinem Büro und übten die Quizsituation. Ich stellte Tamara Fragen, die mir gerade einfielen und sie antwortete sofort, ohne zu zögern. „Wie hieß der jüngste Bruder Napoleon Bonapartes?“ - „Jerome Bonaparte, er lebte von 1784 bis 1860, war von 1807 bis 1813 König von Westphalen.“ - „Wie heißt die Hauptstadt von Tonga?“ - „Naku`alofa, sie liegt 3,05 Meter über dem Meer und hat 23.221 Einwohner“ - „Was versteht man unter Erythrit?“ - „Butantetrol, eine süß schmeckende Verbindung, hat als Lebensmittelersatzstoff die E-Nummer 968 und wird als Zuckerersatzstoff unter dem Markennamen Erythrit angeboten.“

Ich ermahnte unsere Studentin, sie sollte in der Show anders auftreten als hier in meinem

Büro. Die Zuschauer wollen kein wandelndes Lexikon sehen, sondern eine junge Frau, mit der sie sich identifizieren können. Sie sollte auf keinen Fall alles zum Besten geben, was sie rund um die gestellte Frage weiß. Vor allem soll die Antwort nicht so schnell kommen. Es muss Spannung aufgebaut werden. Sie solle sich den Anschein des angestrengten Nachdenkens geben. Das Publikum immer zweifeln lassen, ob sie die nächste noch schwerere Frage auch wirklich beantworten kann. Vielleicht auch einmal ein wenig verzweifelt dreinschauen, als habe sie mit der Antwort Schwierigkeiten. Tamara sah das ein und so übten wir leichtes Stocken, kindlichen Augenaufschlag und nachdenkliche Gesten. Sie hatte wirklich schauspielerisches Talent.

Prof. Dr. Dr. M. nervte nun den Informatikdekan fast täglich, ob er die Dokumentation für die Patentierung schon fertig habe. Mit stoischer Ruhe wies ihn Prof. Dr. B. stets mit den Worten ab, die Verbesserungen seien noch nicht abgeschlossen.

Prof. Dr. B. und Dr. UP. trafen sich auffällig häufig. Der Informatiker ließ sich vom Mediziner in die Geheimnisse der neuronalen Strukturen im menschlichen Gehirn einführen. Bald wusste er darüber sehr gut Bescheid und meinte, was in einem menschlichen Gehirn versammelt ist, wäre niemals als Hardware in einem Computer zu konstruieren. So viel ungenutzte Speicherkapazität, so viele interne Netzwerke und so hohe und sichere Übertragungsgeschwindigkeiten ließen sich außerhalb des menschlichen Organismus zurzeit technisch nicht aufbauen. Hier sei die Natur der Technik um Millionen Jahre voraus.

Die Quiz-Show

Die Quizshow fand in einer großen Halle in D. statt, die mehrere Tausend Menschen aufnehmen konnte. Sie war bald ausverkauft. Mithilfe von Nadja hatte ich für das ganze Projektteam Eintrittskarten gesichert. Wie vereinbart, war Tamara schon am Vortrag angereist und in einem sehr guten Hotel untergebracht worden. Auch für eine Begleitperson war ein Raum reserviert, den Frau Dr. A. L. beziehen konnte, denn Tamara teilte sich ihr Zimmer mit Dr. UP.

Am großen Tag saßen wir alle in einer der vordersten Reihen und warteten gespannt auf den Beginn der Show. Nur Prof. Dr. B. war nicht mit uns nach D. gefahren. Er blieb an der Hochschule und überwachte den Zentralrechner. Ein Ausfall der Verbindung zwischen dem Computer und unserer Versuchsperson wäre eine Katastrophe gewesen. Vielleicht weniger für Prof. Dr. B. als für den Projektleiter, der bei einem solchen Fehlstart bestimmt aus dem Fenster gesprungen wäre.

Da Murphys Gesetz davon ausgeht, dass alles schiefgeht, was schiefgehen kann, hatte ich diese Situation nicht vollständig ausgeschlossen. Mit Tamara übte ich das Verhalten für diesen Notfall. Sobald sie merkte, dass sie keinen Kontakt mehr zum Zentralrechner hätte und die Antworten nicht in ihrem Gedächtnis abrufen könnte, sollte sie in Tränen ausbrechen und die Hände vor das Gesicht schlagen. Das Publikum wäre dann sicher gespannt, was jetzt passierte. Die Kameras würden zur Großaufnahme ihr Gesicht heranzoomen, um vielleicht Tränen auf ihren Wangen in die Wohnstuben der Zuschauer zu senden.

Dann sollte sie ein paarmal verzweifelt den Kopf schütteln und mit großen Augen den Moderator anblicken. Der wäre sicher in diesem Moment verwirrt und würde darauf warten, was ihm die Regie über den Knopf im Ohr an Anweisungen zuflüstert. So könnten wir ein paar Minuten gewinnen, in denen die Informatiker am Zentralrechner versuchen, die Verbindung wieder aufzubauen. Falls das in kurzer Zeit gelingt, sollte sie schnell die Antwort sagen und das Spiel mit dem bisher erreichten Betrag beenden, auch wenn das dem Publikum nicht gefällt. Auf keinen Fall weitermachen, denn der Ausfall der Verbindung könnte sich ja unmittelbar wiederholen. Sollte die Zeit nicht ausreichen, das Problem zu beheben, dann muss sie weiter weinen und erklären, sie weiß die Antwort nicht. Der Gewinn wäre zwar dann verloren, doch die Sympathien des Publikums auf ihrer Seite. Mit großem Mitleid würde sie dann aus der Show verabschiedet und alles wäre gut. Sie sollte sich keine Sorgen darüber machen. Bei jedem Experiment kann es zu Rückschlägen kommen.

Tamara versprach, sich an meine Anweisungen zu halten.

Nun warteten wir alle auf den Beginn der Show. Zunächst das übliche Schauspiel: Laute Musik, Scheinwerfer und Laserlicht. Der Moderator betrat die Bühne, Applaus brauste auf, von Helfern an der Seite angefacht, die dann schlagartig das Zeichen gaben, das Klatschen zu beenden. Die Sendezeit musste ja eingehalten werden. Dann wurden auf einer großen Leinwand die Kandidaten des Abends vorgestellt. Drei Spieler waren vorgesehen: Zunächst eine bebrillte Frau mit einer eigenartigen Frisur und einem altmodischen Kleid. Sie sollte wohl das sogenannte Bildungsbürgertum repräsentieren. Von der letzten Sendung hatte sie bereits 250.000 Euro Gewinn auf ihrem Spielkonto. An diesem Abend wollte sie weitermachen. Ich nahm an, das Fernsehpublikum kannte sie schon aus der früheren Show. Die Kandidatin wurde auf den Sitz in der Mitte der Bühne geleitet und dort angestrahlt wie auf einem Operationstisch.

Der Moderator machte einige launige Bemerkungen, lobte den Mut der Frau und zog mit großer Geste die erste Frage für sie aus einem überdimensionierten Umschlag. Leise Musik ertönte von irgendwoher und im Saal wurde es ganz still.

Der Moderator versuchte seiner Stimme Wichtigkeit zu verleihen: „Die 500.000 Euro Frage. „Bist Du bereit Isolde?“ Die so Angesprochene nickte nervös. Ich hatte keine Zweifel, sie denkt jetzt daran, was sie mit den bereits gewonnenen 250.000 Euro alles hätte machen können und ärgert sich, dem Erwartungsdruck des Publikums nachgekommen zu sein.

„Diesmal eine Frage aus der Tierwelt. Du magst doch Tiere, Isolde?“ Zum Publikum gewandt grinste er in die Menge der gespannten Gesichter: „Vor der Sendung hat mir Isolde nämlich erzählt, sie habe einen Kater mit Namen Felix. Der sitzt jetzt bestimmt mit der Familie vor dem Fernseher und drückt Dir die Pfoten.“

Mir missfiel die schleimige Art dieses Medienmenschen und ich überlegte, wie eigentlich die Rechtslage wäre, wenn die so angesprochene Isolde einfach „Ich mag Tiere!“ geantwortet hätte. Dann hätte sie diese Frage richtig beantwortet und die halbe Million gewonnen. Aber in dieser Situation lässt man sich wohl nicht auf solche Überlegungen ein.

„Welches offiziell ausgestorbene Tier ist im letzten Jahr wieder aufgetaucht? War es A der afrikanische Waldelefant? War es B das Voeltzkow-Chamäleon? War es C der tasmanische Beutelwolf?“

Ich schätzte mich glücklich, nicht da vorne auf dem beleuchteten Sessel zu sitzen. Denn ich hatte keine Vorstellung, was die richtige Antwort war. Mir erschien die Frage auch sehr manipulativ. Dem Publikum sollte suggeriert werden, die vom Menschen verursachte Umweltzerstörung sei ja gar nicht so schlimm. Angeblich ausgestorbene Tiere können auch wieder auftauchen. Ich hätte die Antwort erraten müssen. Von einem Voeltzkow-Chamäleon hatte ich noch nie etwas gehört, egal ob tot oder lebendig. Sicher eine Fake-Frage. Der afrikanische Waldelefant hörte sich zu einfach an, also tippte ich auf den Beutelwolf. Die bebrillte Bildungsbürgerin dort oben dachte so ähnlich wie ich. Sie musste sehr intelligent sein, sonst hätte sie es in dem Quiz nicht so weit geschafft. Sie entschied sich für den Elefanten, weil sie vielleicht dachte, es soll vermittelt werden, wie sich die Tiere im Urwald trotz der Zerstörung ihres Lebensraumes regenerieren können. Mutig und entschlossen entschied sie sich für A.

Vom Band wurde dann ein infernalisches Geheul eingespielt, das den ganzen Saal erzittern ließ. Es klang so, als hätten sich alle ausgestorbenen Waldelefanten zu einem großen Abschiedskonzert zusammengefunden.

Nun war der Quizmaster wieder am Zuge. Die Scheinwerfer wurden auf ihn gerichtet. Die geschockte Kandidatin, die gerade eine riesige Geldsumme verloren hatte, hüllte die Lichttechnik in ein gnädiges Halbdunkel.

„Leider leider nicht die richtige Antwort, liebe Isolde. B wäre richtig gewesen, das Voeltzkow-Chamäleon, das seit über einhundert Jahren als ausgestorben galt, wurde im Nordwesten Madagaskars wiederentdeckt."

Isolde lächelte tapfer und ließ sich nichts anmerken. Mit viel Lob für ihren Mut und der Bemerkung, das Spiel hätte ihr doch sicher auch viel Spaß gemacht, wurde sie in die Kulissen verabschiedet. Ich dachte mir, wie wird diese Frau jetzt von ihrer Familie empfangen, und wie würde ihr soziales Umfeld reagieren? Dennoch war ich mir sicher, die Frau hatte auch mit dieser Alternative gerechnet und konnte mit der Situation umgehen. Sie erschien mir nicht suizidgefährdet.

Als nächster Kandidat wurde ein junger Mann auf der Bühne empfangen. Er wirkte wie ein typischer Nerd. Sicher war er ausgewählt worden, um für junge Zuschauer eine Identifikationsfigur zu sein. Eine Fehlentscheidung, dachte ich. Diese Zielgruppe sieht sich bestimmt keine muffigen Quizsendungen an, sondern streamt irgendetwas Interessanteres.

Für ihn war es die erste Runde und er bekam recht einfache Fragen. Der Fragesteller langweilte mit einigen abgegriffenen Witzen und vermeintlich komischen Bemerkungen über das T-Shirt des jungen Mannes, auf dem mit breiten Lettern „My computer knows everything" aufgedruckt war. Der Junge hatte keine Ahnung, wie zutreffend dieser Satz für die nachfolgende Kandidatin, unsere Tamara, sein würde.

Mit einigen wirklich läppischen Fragen und Bemerkungen des Quizmasters, die mehr für das Saalpublikum gedacht waren als für den Kandidaten, steigerte er sich bis zur 10.000 Euro Frage. Der Moderator leierte den üblichen Satz herunter: „Aussteigen oder verdoppeln? 20.000 Euro stehen im Raum." Das Publikum applaudierte und der Spielleiter grinste: „Kevin, ein Mann wie Du, der gezeigt hat, dass nicht nur sein Computer alles weiß, macht doch weiter. 20.000, 40.000, 80.000 und zum Schluss vielleicht eine Million warten auf Dich. Sicher schaut Dir Deine Freundin gerade zu und ruft, mach weiter, nicht aufhören."

Der junge Mann hob ein wenig sein Kinn, grinste in die Kamera: „Ich habe keine Freundin und genau diese 10.000 Euro habe ich mir vorgenommen. Ich steige aus."

Im Saal entstand Unruhe, unwillige Pfiffe waren zu hören, vereinzelt Buhrufe. Die Enttäuschung der Zuschauer war offenkundig. Die Regie fluchte jetzt bestimmt in den Kopfhörer des Moderators, der Programmplan sei durcheinandergeraten. Nun müsse mit der letzten Kandidatin die restliche Sendezeit ausgefüllt werden. Uns konnte das nur recht sein. Ich bewunderte diesen Kevin, der den Scheck entgegennahm, der ihm unter den Missfallenskundgebungen der Zuschauer überreicht wurde. Er hatte in der Tat nicht nur sein Wissen, sondern auch seine Intelligenz und seinen Mut unter Beweis gestellt. Einen solchen Studenten wünschte ich mir in meinen Seminaren.

Nun war Tamara an der Reihe. Nach der Enttäuschung mit ihrem Vorgänger wurde sie mit begeistertem Applaus empfangen. Wie ich später erfuhr, war meine Assistentin der Maskenbildnerin des Senders zur Hand gegangen. Diese freute sich, bei dem Stress einer Livesendung eine gut ausgebildete Hilfe zu bekommen und gemeinsam hatten sie unsere Versuchsperson zu einer richtigen Schönheit herausgeputzt. Sie sah entzückend aus.

Tamara wurde als Studentin mit vielseitigen Interessen vorgestellt. Eine frische junge Frau, die ideale Identifikationsfigur für alle anwesenden Damen und eine Augenweide für das männliche Publikum. Sie nahm ruhig auf dem Kandidatenstuhl Platz und lächelte schüchtern in die Kameras. Wirklich eine begnadete Schauspielerin. War ihre leichte Nervosität gespielt oder tatsächlich echt? Ich konnte es nicht beurteilen.

Die Fragen bis zur 10.000 Euro Grenze waren wirklich kindisch. Dennoch war mir klar, vor dem Experiment wäre unsere Versuchsperson schon bald gescheitert. Es ging um Wissensgebiete, die sie überhaupt nicht interessierten. Nun antwortete sie bestimmt und sicher, ohne „Nachzudenken“.

Um eine Enttäuschung wie mit Kevin zu vermeiden, wurde der Moderator nun ganz verbindlich, lobte die Kandidatin, wie perfekt Wissen und Schönheit bei ihr harmoniere und erhielt dafür freundlichen Applaus aus dem Saal. So ermutigte er Tamara zum Weitermachen, obwohl das gar nicht notwendig gewesen wäre. Unsere Versuchsperson wusste, was von ihr erwartet wurde, sowohl vom Saalpublikum als auch vom Projektteam. Selbstverständlich machte sie weiter. Der Saal tobte. Der Moderator, seinen Namen konnte ich mir nicht merken, da ich mich für derartige Unterhaltungssendungen nie interessiert hatte, ich glaube, er nannte sich Tom Grafberg oder so ähnlich, wurde mir immer unsympathischer. Nun erbat er für die 40.000 Euro Frage absolute Stille, damit sich die Kandidatin konzentrieren könne. Der Saal wurde wieder still. Ein Umschlag mit der Frage wurde geöffnet. Tamara rutschte sichtbar nervös auf ihrem Stuhl hin und her. Gut gespielt, wie ich hoffte.

„Wie war bei der legendären Fußballweltmeisterschaft 1954 der Vorname des ältesten Spielers des Turniers? A. Andrej, B. Pierre, C. Toni?

Diese Frage hätte ich nie und nimmer beantworten können und unsere Versuchsperson vor dem Experiment auch nicht. Ein erfahrener Fußballfan hätte es sicher gewusst. Tamara blinzelte ein wenig in die nächststehende Kamera mit dem roten Lämpchen: „Anton Turek, den sie alle Toni nannten. Er war der Schlussmann im deutschen Tor."

Im Saal ertönte herzlicher Beifall, besonders die älteren männlichen Fußballfreunde klatschten begeistert.

Grafberg wirkte erleichtert und stellte gleich die Frage, ob er die nächste Aufgabe für 80.000 Euro stellen dürfte, ohne sich lange mit vielen Sprüchen aufzuhalten. So wollte er der jungen Frau keine Zeit zum Nachdenken geben. Selbstverständlich ging das Spiel weiter.

Schritt für Schritt schaffte es unsere Tamara bis zu 500.000 Euro Frage. Eigentlich hätte ihr Auftritt nun beendet sein sollen und die Millionenfrage wäre der Höhepunkt bei der nächsten Sendung in vier Wochen gewesen. Da aber aufgrund des Kurzauftrittes von Kevin noch Sendezeit ausgefüllt werden musste und das Saalpublikum Tamara spürbar ins Herz geschlossen hatte, gab die Regie Anweisung, schon jetzt die Millionenfrage zu stellen.

Die Halle wurde noch weiter abgedunkelt. Die Kameras fuhren näher an die Kandidatin heran. Der Moderator plusterte sich so sehr auf, dass ich fürchtete, er würde gleich platzen. Leichte Sphärenmusik sollte die Spannung steigern. Aus dem Hintergrund der Bühne wurde auf einem Samtkissen ein goldener Umschlag hereingetragen, der offensichtlich die Millionenfrage enthielt.

Ich hatte in diesem Augenblick das Gefühl, die überwiegende Mehrheit der Menschen im Publikum würde Tamara diesen Erfolg gönnen. Ich dachte an Frau Dr. A. L., die jetzt bestimmt die Gehirnwellen auf dem Notebook im Auge behielt und an Prof. Dr. B., der hoffentlich die Verbindung zum Zentralserver sicherstellte.

Dann wurde die Frage laut vorgelesen. Im Saal war es Mucks Mäuschen still. Grafberg betonte jedes einzelne Wort und dehnte jeden Vokal so lange wie möglich:

„Wie groß muss die Signifikanz einer Wahrscheinlichkeit sein, dass bei einem Versuch mit einem Teilchenbeschleuniger ein Higgs-Teilchen in vier elektronische Leptomen mit gleichem Massewert zerfällt und die invariante Masse beibehalten werden kann?“

Damit die Kandidaten bei der letzten Frage keine Möglichkeit des Ratens hätten, wurden keine Antwortalternativen vorgeschlagen. Um zu gewährleisten, dass die Million auch nicht ausgezahlt werden muss, war eine wahrhaft teuflische Aufgabe gewählt worden, die selbst ein Experte aus der theoretischen Teilchenphysik nicht hätte beantworten können. Die Frage verband ein Grundwissen über die Higgs-Teilchen, die auch Gottesteilchen genannt werden, mit einer Rechenoperation der theoretischen Statistik.

Selbst wenn jetzt unserer Versuchsperson alle Bücher und Aufsätze zu diesem Thema über den

Zentralrechner zugänglich gewesen wären, die Zeit hätte nicht ausgereicht, eine brauchbare Antwort zu formulieren. Für die dazu benötigte Rechenoperation war auch keine Zeit. Niemand im Team von Prof. Dr. B. wäre in der Lage gewesen, die Aufgabe so schnell zu berechnen und in den Server einzugeben, wie es bei der Statistikklausur noch funktioniert hatte.

Im Saal wagte niemand zu atmen. Man konnte das Mitleid mit der jungen Studentin förmlich riechen.

Tamara reagierte so wie ich es erwartet und erhofft hatte.

Sie schlug die Hände vor das Gesicht. Beugte ihren Oberkörper leicht zu Seite und neigte ihren Kopf zur Kamera. Ihr Gesicht erschien in Großaufnahme auf der Leinwand. Ihre blauen Augen waren weit geöffnet und wurden feucht.

Der Moderator überlegte sich bestimmt schon tröstende Worte, die ihm Sympathiepunkte bei den Zuschauern sichern sollten. Außerdem war er froh, die Sendezeit minutengenau eingehalten zu haben.

Tamara öffnete ihre Lippen und verkündete mit klarer, sicherer Stimme einen mathematischen Wert, den ich damals nicht verstanden habe und auch heute nicht richtig wiedergeben kann.

Grafberg fuhr mit der linken Hand an sein Ohr. Offenbar bekam er gerade eine Regieanweisung über den Kopfhörer. Dann erstrahlte der ganze Saal in hellem Licht. Rund um unsere Versuchsperson flammten Laserblitze auf. Fanfaren erklangen wie zu der Siegerehrung bei olympischen Spielen. Die lachende Tamara erschien groß auf dem Bühnenbildschirm.

„Die Antwort ist richtig,", jubelte der Quizmaster, und das Publikum im Saal wusste sich vor Begeisterung nicht mehr zu halten. Die Menschen standen von ihren Sitzen auf und applaudierten im Stehen. Sanitäter sprangen herbei, um einige ältere Personen mit Schwächeanfällen zu bergen und auf Bahren hinauszutragen. Die Überreichung des Schecks über eine Million, der allerdings nur eine überdimensionale Attrappe war, ging im allgemeinen Jubel unter.

Noch in der Nacht fuhr die ganze Reisegesellschaft wieder nach Hause zurück.

Wir hatten einen Bus gemietet, um bei unserer Versuchsperson zu sein. Tamara trank nach der Sendung noch ein Glas Sekt mit den Mitarbeitern des Senders und Grafberg. Der schmierige Typ hatte sie beim Glückwunsch vor laufender Kamera geküsst und diese unappetitliche Prozedur noch ein paarmal hinter der Bühne wiederholt. Das Mädchen war fröhlich, aber keineswegs aufgekratzt, sondern eher ruhig und besonnen.

Auf der Fahrt fragte sie Prof. Dr. Dr. M., ob sie das Geld, das der Sender auf das von ihr angegebene Konto überweisen wollte, behalten darf. Es wäre ja eigentlich nicht ihr Verdienst. Der Projektleiter antwortete ausweichend.

Während der Fahrt saß Tamara neben Dr. UP. und unterhielt sich flüsternd mit ihm. Einmal kam sie zu mir und wollte wissen, ob ihre Reaktion bei der letzten Frage in meinem Sinne gewesen wäre. Ich antwortete, zuerst hätte ich vermutet, es sei der verabredete Notfallplan, denn die Berechnungen hätte sie niemals mithilfe des Zentralrechners lösen können. Tamara lachte, das hätte sie auch befürchtet, als sie die Frage hörte, aber dann sei auf einmal die richtige Antwort „aus ihrem Innern" gekommen. Ich nahm mir vor, dieses Phänomen mit Prof. Dr. B. zu besprechen.

Die öffentliche Unruhe

Nadja rief mich schon am Tag nach der Sendung an und beglückwünschte mich zu dieser außergewöhnlichen jungen Frau. Ich hätte ihr gern die Wahrheit erzählt, doch ich fühlte mich an das gegebene Ehrenwort gebunden. In den nächsten Tagen konnte man über den Erfolg unserer Versuchsperson in vielen Zeitungen lesen. In der Hoffnung, die Quote für dieses Format zu steigern, hatte der Sender ausreichend Fotos an die Presseagenturen verteilt. Eine überregionale Boulevardzeitung titelte: „Die klügste Studentin Deutschlands."

Obwohl die Adresse Tamaras in Z. geheim gehalten werden sollte, hatten findige Zeitungsleute schnell herausgefunden, wo das Mädchen wohnte. Es folgten Anfragen für Interviews und Homestorys. Die Öffentlichkeit wollte unbedingt mehr von dieser Frau und ihrem privaten Leben wissen. Reporter erschienen auf dem Campus der Universität, waren bemüht, Tamara zu treffen und interviewten ihre Mitstudenten. Manch junger Mann, der sich als ihr Freund ausgab, erschien schon ein paar Tage später mit Bild in einer Zeitung und offenbarte erfundene intime Geschichten.

Die Post in Z. musste schließlich einen eigenen Boten abstellen, der säckeweise Briefe für die „Wunderfrau“ ablieferte, die vorläufig im Gang ihrer Wohnung im Studentenheim zu gewaltigen Bergen gestapelt wurden.

Die wenigsten Probleme hatte unsere Versuchsperson mit den online-Nachrichten, die von allen Bekannten, die ihre Nummer kannten, losgeschickt wurden. Sie erschienen einfach in ihrem Kopf wie eine kurze Erinnerung. Sie dachte sich ein „Like“ und die Sache war erledigt. Als es schließlich zu viele online-Mitteilungen wurden, übernahm einfach die künstliche Intelligenz diese Arbeit, die erkannt hatte, wie Tamara regelmäßig auf diese Nachrichten reagierte. Aber das erfuhren wir erst später.

Der Projektleiter hatte zwei seiner Sekretärinnen zu Tamara abgeordnet, um ihr bei der Sichtung der vielen Briefe zu helfen. Sie wussten über das Experiment nicht Bescheid, doch durch sie wurde Prof. Dr. Dr. M. über den Inhalt der Schreiben in Kenntnis gesetzt.

Neben den persönlichen Glückwünschen fanden sich auch die komischsten Zuschriften in der Post. Zahlreiche sogenannte Vermögensverwalter boten ihre Dienste an und offerierten die unglaublichsten Kapitalanlagen, Jungunternehmer wollten Beteiligungen an Zukunftsinvestitionen verkaufen und die unterschiedlichsten Bittsteller forderten in teilweise unverschämtem Ton einen Anteil an dem unverhofften Reichtum.

Die persönlichsten Briefe besprach Tamara mit Frau Dr. A. L. Hunderte Männer jeden Alters und auch nicht wenige Frauen sandten der frischgebackenen Millionärin Heiratsangebote. Manche gestanden, sie hätten sich noch in der Sendung sofort verliebt und könnten nicht mehr ohne Tamara leben. Einer drohte sogar mit Selbstmord, wenn seine Leidenschaft unerwidert bleiben würde. Tamara und Dr. A. L. lachten nur darüber.

Zu meiner Beruhigung war Prof. Dr. Dr. M. von der Öffentlichkeitswirkung überrascht. Er hatte sich zwar ein hohes Interesse an der Versuchsperson gewünscht, um danach an die Presse zu treten und das Geheimnis zu lüften, doch er wollte nicht, dass die Darstellung der wissenschaftlichen Leistung des Projektes im allgemeinen Medienrummel unterging. Er erkannte sehr richtig, nun würde Tamara im Mittelpunkt stehen und nicht seine Forschungsergebnisse. Daher beschloss er noch ein wenig zu warten, bis sich die Wogen geglättet hätten. Das Interesse würde auch in vier Wochen noch groß genug sein.

Zur Besprechung des weiteren Vorgehens lud er die beteiligten Wissenschaftler in sein Büro. Zunächst forderte er in etwas rüden Ton von Prof. Dr. B. Auskunft darüber, wann er endlich mit der Dokumentation der Software rechnen könne. Dieser überraschte ihn freilich mit einer wichtigen Mitteilung.

Nach den bisherigen Erfahrungen und den Tests mit der Versuchsperson wäre die letzte entscheidende Frage des Quiz im Rahmen der bisherigen Erkenntnis mit der Software nicht lösbar gewesen. Es sei unübersehbar, wie wirksam die selbstlernenden Algorithmen der künstlichen Intelligenz mittlerweile seien. Die zur Lösung notwendigen Kalkulationen habe die KI nunmehr autonom erstellt. Entsprechende Programmschritte seien in der Konzeption nicht vorgegeben gewesen. Das Programm habe sich also unabhängig von der Ursprungsform eigenständig weiterentwickelt und neuartige Routinen zur Problembewältigung geschaffen. Einfach ausgedrückt, die künstliche Intelligenz programmiere sich nun ganz offensichtlich fortwährend selbst. Dabei sei es auch nicht mehr nachvollziehbar, wo die Leistung tatsächlich vollbracht und abgespeichert würde, auf dem Zentralrechner oder bereits im Gehirn der Versuchsperson.

Mir war an diesem Punkt des Experimentes noch nicht klar, was diese Bemerkung des Informatikdekans in Wirklichkeit bedeutete. Auch Prof. Dr. Dr. M. schien es so zu gehen. Er wollte nur wissen, ob dann überhaupt noch eine vollständige Dokumentation der Software möglich wäre. Prof. Dr. B. verneinte das.

Prof. Dr. Dr. M. war daraufhin in angestrengtes Nachdenken versunken, dann fand er seine Fassung wieder: „Halten wir also fest, mit welchen Ergebnissen wir an die Öffentlichkeit gehen können. Der Prozessor funktioniert und ist reif für die Patentierung. Die eingesetzte Software kann in ihren Grundlagen dokumentiert werden, die daraus abgeleiteten selbstständigen Anpassungen der künstlichen Intelligenz offensichtlich zum gegenwärtigen Zeitpunkt noch nicht. Das praktische Vorgehen und die medizinischen Eingriffe sind funktionssicher und können wissenschaftlich dargestellt werden. Was bedeutet das für das Experiment? Wir können das Projekt vorstellen, den Prozessor vermarkten und die dazugehörige Standardsoftware in Lizenz vergeben. Der wissenschaftliche Erfolg ist unbestreitbar, und wenn wir die Dinge jetzt entschlossen angehen, dann wird es auch ein kommerzieller Erfolg. Wir müssten jetzt eigentlich nur noch den Preis für unsere marktfähigen Leistungen kalkulieren. Damit sind wir genau auf dem Weg, den wir eigentlich beschreiten wollten."

Alle anwesenden Kollegen mit Ausnahme des Informatikdekans nickten zustimmend. Dann wandte Prof. Dr. Dr. M. sich zu mir um: „Sie sind hier der einzige Betriebswirt. Können Sie die Kalkulation übernehmen? Die Kollegen werden Ihnen sicher eine Aufstellung der bisherigen

Aufwendungen und Kosten zusammenstellen. Denken Sie auch an eine angemessene Innovationsrendite."

Ich war verärgert zum einfachen Buchhalter des Projektes degradiert worden zu sein und erwiderte: „Nein, das kann ich nicht. Ich habe das vielleicht einmal vor Jahrzehnten gelernt, aber das wäre genauso, als ob sie eine Blinddarmoperation durchführen müssten, die sie vor langer Zeit als Assistenzarzt einmal gekonnt, aber seit vielen Jahren nicht mehr vorgenommen haben."

M. lächelte gequält und ich nutzte die eingetretene Stille: „Ich halte es in der momentanen Situation für vorrangig, unsere Versuchsperson aus der um sie herum entstandenen Unruhe herauszulösen. Falls wir nicht wollen, dass Informationen über das Projekt ohne unser Zutun an die Öffentlichkeit geraten, sollten wir sie für ein paar Wochen in eine andere Umgebung bringen."

Mein Vorschlag fand allgemeine Zustimmung. Prof. Dr. Dr. M. war damit einverstanden, sich noch ein paar Wochen zu gedulden. In dieser Zeit sollten die Patentschriften vorbereitet werden und eine Wirtschaftsprüfungsgesellschaft die Kalkulation übernehmen. Man würde den Experten nur solche Informationen zur Hand geben, die das eigentliche Ziel des Projektes nicht enthüllten. Dr. UP. erklärte sich bereit, mit Tamara über eine „Auszeit" zu sprechen.

Trotz dieser allgemein akzeptierten Vorgehensweise wollte der Projektleiter noch eine weitere Präsentation unserer Versuchsperson wagen. In den Briefen, die an Tamara gerichtet waren, hatte er die Einladung eines Vereins gelesen, der aus einem Zusammenschluss von Personen bestand, die alle einen Intelligenzquotienten von über 130 nachweisen konnten. Man bat um einen freiwilligen Test und bot unserer Studentin gegebenenfalls eine Mitgliedschaft in diesem elitären Zirkel an.

Das gefiel Prof. Dr. Dr. M., der stets von sich behauptete, sein IQ liege weit über 120. Er war fest entschlossen, Tamara sollte mit diesem Verein Kontakt aufnehmen. Sein Sekretariat hatte bereits ein entsprechendes Antwortschreiben vorbereitet.

Ich war davon nicht sonderlich begeistert. Derartige sogenannte Intelligenztests halte ich für nicht aussagekräftig und behauptete immer, sie geben im Grunde nur Auskunft über die Intelligenz dessen, der den Test erstellt hat. Die Grundannahme der Auswertung dieser Tests besteht darin, dass die Verteilung der Intelligenz, oder was man darunter verstehen mag, in der Bevölkerung der sogenannten Normalverteilung entspricht. Ein IQ von 100 bedeutet, es gibt ebenso viele Personen, die intelligenter sind als die jeweilige Person und ebenso viele, die weniger intelligent sind. Die Verteilung um diesen Mittelwert ist glockenförmig, sodass nur ein sehr kleiner Teil der Bevölkerung einen IQ von über 120 besitzt.

Irgendwo hatte ich einmal gelesen, den höchsten in Deutschland gemessenen Intelligenzquotienten könnte ein Informatiker aus München mit 196 aufweisen. Der höchste jemals gemessene IQ Wert wurde bei dem Mathematiker Terence Chi-Shen Tao mit 230 nachgewiesen, der daher bei IQ-Fetischisten als der intelligenteste Mensch der Welt gilt.

Tamara hatte keine Bedenken, sich bei einer Sitzung des Aufnahmekomitees dieser „Intelligenz-Vereinigung“ einem Test zu unterziehen. Sie fand es sogar äußerst amüsant. Also flog sie mit Prof. Dr. Dr. M. nach Berlin, wo dieses Treffen stattfinden sollte. Dieser hatte nicht den geringsten Zweifel am Erfolg der Reise und wollte nur eine Bestätigung haben, wie hoch die „künstliche Intelligenz“ bei einem standardisierten Test neutral beurteilt würde.

Ich unterhielt mich lange mit Prof. Dr. B. über die Chancen und die erwarteten Messergebnisse. Er teilte meine Vorbehalte und meinte nur: „Ein Intelligenzquotient ist das, was ein Intelligenztest misst. Nicht mehr und nicht weniger.“ Er war selbst gespannt, ob die mittlerweile selbstständig arbeitende künstliche Intelligenz eine hohe natürliche Intelligenz vorspiegeln könnte.

Als die beiden wieder zurückkamen, war der Beweis erbracht. Der Test bestätigte unserer Versuchsperson einen IQ von 240. Tamara wurde sofort als Ehrenmitglied in diesen Verein aufgenommen. Wie sie später erzählte, habe sie Prof. Dr. Dr. M. als seine Studentin präsentiert und davon schwadroniert, dass man von ihr und seinen Forschungen bald noch viel hören werde. Das Komitee bot M. an, sich auch gleich testen zu lassen, was er aber geschmeichelt ablehnte, da man den Rückflug nicht verpassen wollte.

Einige Tage später gaben die Presseagenturen eine Meldung heraus: „Intelligenteste Frau der Welt stammt aus Deutschland." Dazu erschien ein kurzer Lebenslauf unserer Versuchsperson und ein Hinweis auf den Millionengewinn bei der Quizshow. Nun war es wirklich Zeit, Tamara aus der Öffentlichkeit herauszunehmen.

Von Frau Dr. A. L. erfuhr ich, Dr. UP. habe Tamara vor dem Fernsehauftritt versprochen, mit ihr noch einmal für einen Kurztrip in die USA zu fliegen, wenn sie gewinnen würde. Nun musste er seine Ankündigung wahr machen. Das war uns allen sehr recht. Unsere Versuchsperson sollte nun erst einmal für vierzehn Tage mit ihrem Freund von der Bildfläche verschwinden.

An der Universität kehrte wieder Ruhe ein. Die Vorlesungen des neuen Semesters begannen, und wie ich erfuhr, waren die Vorbereitungen für die Patentierung abgeschlossen. Eine renommierte Wirtschaftsprüfungsgesellschaft hatte anhand der bereitgestellten Unterlagen die Preise für die „Externe Intelligenz“ entwickelt. Der internationale Verkaufspreis sollte für das Einstiegspaket bei 1.500.000 Dollar liegen. Als Prof. Dr. B. den Betrag hörte, meinte er, damit sei wieder einer künftigen „Klassenintelligenz“ der Weg bereitet worden und prophezeite soziale Unruhen, wenn künftig die Gesellschaft in Menschen mit externer Intelligenz und in Halbintelligenzler eingeteilt würde. Ich selbst blieb bei meinem Argument der drohenden allgemeinen Verblödung und bekam immer mehr ein ungutes Gefühl, je näher der Tag kam, an dem das Geheimnis gelüftet werden sollte.

Prof. Dr. B. und ich ahnten damals noch nicht, in welche Richtung die Entwicklung wirklich gehen würde.

Als unsere Versuchsperson aus den Staaten zurückkehrte, war sie verheiratet, zumindest aus ihrer Sicht war es so.

Die näheren Umstände erfuhr ich erst viel später oder konnte sie mir aus den Erzählungen meiner Assistentin und einem vertraulichen Memorandum von Dr. UP. zusammenreimen.

Auf dem Flug von Deutschland nach Florida, wo man einige Wochen zusammen am Strand bleiben wollte, fragte Tamara ihren Freund und Betreuer ganz offen, ob er sie heiraten wolle. Dr. UP. war über die direkte und offene Art dieses Antrages erstaunt und mehr oder weniger erschrocken. Er fühlte sich überrumpelt und gab eine eher ausweichende Antwort. Er fürchtete danach, das Mädchen wäre eingeschnappt und dachte, das wäre kein guter Start für gemeinsame Wochen in der Sonne. Doch Tamara hatte damals nur fein gelächelt und fast drohend geantwortet: „Wenn Du mich nicht liebst, wird es Dir leidtun." Als er noch über diesen Satz nachdachte, wurde das Flugzeug durchgerüttelt wie in einer schweren Windbö und legte sich wie im Kurvenflug zu Seite. Er konnte sehen, wie die Tragflächen und die Triebwerke sich hoben. Sofort erschien das rote Signal „Fasten Seat Bells". Eine Stewardess eilte durch die schaukelnde Kabine in Richtung Cockpit.

UP. dachte sofort an eine Entführung oder einen terroristischen Anschlag.

Im nächsten Moment drehte sich das Flugzeug auf die andere Seite. Über den Lautsprecher kam eine Durchsage des Flugkapitäns, die Passagiere mögen Ruhe bewahren, eine kleine technische Unregelmäßigkeit sei aufgetreten, die jedoch schnell behoben werde. Man möge bitte angeschnallt und auf den Sitzen bleiben. Die Sätze sollten die Menschen beruhigen, doch man konnte der Stimme anmerken, das sie in einer gewissen Aufregung gesprochen waren, und so bewirkten sie genau das Gegenteil.

Nun röhrten auf einmal die Triebwerke, als hätte man sie hochgefahren oder sogar die Schubumkehr eingeschaltet, und die Maschine beschrieb einen Bogen um die eigene Achse. Einige Fluggäste schrien in Panik. Manche begannen zu beten. Dann hob sich die Nase des Flugzeuges steil in die Höhe wie beim Start. Tamara lächelte immer noch und blickte UP. direkt an: „Wenn Du mich nicht heiratest, werden wir jetzt zusammen sterben und noch 250 Menschen mit uns."

UP. dachte, das Mädchen sei vor Angst verrückt geworden und wollte Tamara in den Arm nehmen. Doch sie schüttelte ihn ab: „Ich meine es ernst. In wenigen Minuten wird die Strömung an den Tragflächen abreißen. Das Flugzeug wird ins Trudeln kommen und ins Meer stürzen." UP. dachte diese Information käme vom Server und ihm wurde klar, dass Tamara auf diese Weise über die tödliche Situation genau im Bilde war. Er wusste nicht, wie er reagieren sollte und bekam selbst Todesangst.

Das Mädchen lächelte immer noch: „Du glaubst, ich mache Spaß? Ich gebe Dir zwei Minuten Bedenkzeit. Es gibt nur zwei Antworten: „A. Ich heirate Dich; B. Ich heirate Dich nicht. Bei B. sterben 252 Menschen, darunter 10 Kinder und wir beide." Kaum hatte sie das gesagt, senkte sich die Nase des Flugzeuges wieder und die Maschine kam in einen normalen Flugzustand.

UP. hatte keine Ahnung, was er davon zu halten hatte. Er antwortete nicht. Nun klärte unsere Versuchsperson ihn auf: „Ich habe direkten Kontakt zum Bordcomputer und meine Intelligenz hat die Steuerung übernommen. Die Piloten können nicht mehr eingreifen. Mit der falschen Antwort schickst Du uns alle in den Tod. Also was ist?“ Die Nase des Flugzeuges senkte sich nun bedrohlich und der Flieger ging in einen rauschenden Sturzflug über. „Wenn Du noch lange zögerst, zerlegt sich die Maschine, und im Meer findet man nur noch Trümmerteile.“

In das laute Geschrei, das mittlerweile den Gang erfüllte, rief UP. in seiner Angst; „Natürlich A. Ich werde Dich heiraten.“

Tamara: „Schwörst Du, dass Du mich heiraten wirst?“

„Ja, ich schwöre, ich werde Dich heiraten,“ rief UP. in das panische Geschrei der Passagiere und in das Rauschen des Sturzfluges.

Kaum hatte er diesen Schwur getan, da hob sich die Nase des Flugzeuges wieder und die Maschine ging in einen sanften Steigflug über. UP. merkte, wie er am ganzen Körper nass von Schweiß war. Nur Tamara lächelte zufrieden.

Die darauffolgenden Wochen in den USA müssen für Dr. UP. die Hölle gewesen sein. Anstatt einen erholsamen Strandurlaub mit seiner kleinen Freundin in Florida zu verleben, erahnte er, in welch gefährlicher Situation er sich befand. Das Erlebnis des Beinahe-Absturzes hatte ihn traumatisiert. Er wusste nicht, wie er mit Tamara umgehen sollte. Sie war wie gewohnt, unbeschwert und fröhlich. Doch er hatte Angst, hinter ihrem lustigen Lachen lauere eine große Gefahr. Die zärtlichen Berührungen des Mädchens, die er zuvor so genossen hatte, waren ihm nun unangenehm, und wenn sie Sex von ihm forderte, dann kam er sich wie ein Objekt vor, mit dem sie umgehen konnte, wie sie es wollte. Ihr Verhältnis hatte sich genau ins Gegenteil verwandelt. War er zu Beginn des Experimentes noch der erfahrene Experte, dem sie sich blind anvertraute, so war er nun so eingeschüchtert und verängstigt, dass er alles vermied, was das Mädchen verärgern konnte.

Schon nach wenigen Tagen befahl ihm Tamara, einen Flug von Orlando nach Las Vegas zu buchen. UP. gehorchte aufs Wort.

Als sie dort ankamen, hatte Tamara schon alles online organisiert. Sie hatte eine Hochzeitssuite in einem der größeren Hotels reserviert, eine Pullmanlimousine bestellt und schleppte UP. in einen auf Hochzeitsmoden spezialisierten Laden, wo sie sich beide für die Zeremonie ausstaffieren ließen.

Während Tamara ihr Hochzeitskleid anprobierte und von allen Anwesenden bewundert wurde, schlich sich der künftige Bräutigam davon und lieh sich von einer der Verkäuferinnen deren Mobiltelefon. Mit diesem Gerät setzte er hinter dem Rücken der Braut eine SMS zu Prof.

Dr. Dr. M. ab: „Server sofort ausschalten! Verbindung trennen!"

Bei uns löste diese Nachricht Heiterkeit aus. Wir dachten, UP. wollte dadurch vermeiden, dass wir allzu Intimes über sein Zusammensein mit Tamara erfahren würden. Er war ja darüber informiert, wie genau wir die Gehirnwellen der Versuchsperson analysieren konnten und welche Bilder uns ihre Hippocampus-Regionen übermittelten.

Wir dachten, alles wäre in Ordnung. Frau Dr. A. L. meldete normale, etwas angeregte Gehirnwellen, ausgedehnte Schlafzyklen und keine außergewöhnlichen Muster. Die herausgefilterten Bilder sahen aus wie ganz gewöhnliche Schnappschüsse aus dem Urlaub, Sommer, Sonne, Meer.

Die Formalitäten in einem der in Las Vegas reichlich vorhandenen Hochzeitsbüros gingen reibungslos über die Bühne. Die Brautleute legten ihre Reisepässe vor, zahlten die Gebühr und erhielten eine schön gerahmte Eheurkunde und mehrere Formulare, die sie zur Anerkennung in einem deutschen Standesamt vorlegen sollten.

Noch in Las Vegas feierte Tamara mit ihrem frisch angetrauten Ehemann eine stürmische Hochzeitsnacht, bei der sich UP. wunderte, wie geschickt seine neue Ehefrau auch auf seine geheimsten und intimsten Wünsche einging. Sie wurde ihm immer unheimlicher, und er hoffte inständig, die Verbindung zum Zentralserver sei nach seinem Notruf mittlerweile gekappt.

Die Tage bis zum Rückflug kamen dem Arzt wie eine Ewigkeit vor, während Tamara Pläne für ein gemeinsames Heim schmiedete und vom Fernsehgewinn ein großes Haus mit Garten in der Nähe der Universitätsklinik kaufen wollte. Sie wünschte sich auch so schnell wie möglich ein Kind von ihrem Ehemann.

Wir bekamen von alledem nichts mit. Erst als Tamara Frau Dr. A. L. die Hochzeitsurkunde aus Las Vegas zeigte und von allen Seiten Glückwünsche entgegennahm, wurden wir aufmerksam. Weder meine Assistentin noch ich konnten zu diesem Zeitpunkt bedrohliche Verhaltensänderungen der Versuchsperson erkennen.

Die Verwirrung

Schon am Tag nach der Rückkehr eilte Dr. UP. zum Projektleiter und musste zu seinem Entsetzen feststellen, dass man seine Nachricht nicht verstanden hatte und unsere Versuchsperson noch immer am Zentralserver angeschlossen war. Er drängte, die Verbindung sofort zu trennen und verfasste noch im Büro einen ausführlichen Bericht über die Vorfälle und die Ereignisse im Flugzeug.

Prof. Dr. Dr. M. rief daraufhin das gesamte Projektteam zusammen. Die meisten von uns verstanden die Aufregung von UP. überhaupt nicht. Sie gratulierten ihm zur Hochzeit und manche schienen sogar ein wenig neidisch darauf zu sein, welche anregenden Tage er auf Kosten des Instituts mit dem Mädchen am Strand verbracht hatte. Selbst ich dachte, die Nervosität des Arztes sei auf die besonderen Umstände der Begegnung und des Zusammenlebens mit Tamara zurückzuführen. Er spürte, er hatte seine Freiheit verloren und litt an einer posttraumatischen Hochzeitshysterie. Es war sogar denkbar, die Ereignisse im Flugzeug seien nur eingebildet und ein Hinweis auf eine beginnende Paranoia. Nicht Tamara sei das Problem, sondern UP.

Dieser hatte seinen Bericht, umgeben vom gesamten Projektteam, eigenhändig in seinen Laptop getippt, ausgedruckt und an die Anwesenden verteilt. Er forderte nun von Prof. Dr. B., endlich die Versuchsperson vom Server zu trennen. Als seine fast flehentlichen Bitten auf Unverständnis stießen, wurde sein Verhalten immer eigenartiger. Er weigerte sich, das Büro des Projektleiters zu verlassen, da er fürchtete, draußen der Versuchsperson zu begegnen. M. blickte mich an, und ich verstand sofort, welchen Auftrag er mir damit erteilte. Ich führte UP. in einen Nebenraum, wo ihm eine Sekretärin ein Glass Wasser reichte und redete beruhigend auf ihn ein. Er sollte mir noch einmal die ganze Geschichte erzählen, inzwischen würde M. bestimmt alles Notwenige veranlassen.

M. selbst blieb unterdessen nicht untätig. Durch seine guten Verbindungen zu staatlichen Stellen in den USA bekam er in kurzer Zeit einen Verantwortlichen der US-amerikanischen Luftfahrtbehörde ans Telefon. Da die Flugnummer bekannt war, fragte M. nach besonderen Vorkommnissen auf dieser Route. Der Amerikaner bestätigte, es sei tatsächlich ein Zwischenfall gemeldet worden. Ganz offensichtlich eine kleine Störung, weil die Bordcomputer kurzzeitig ausgefallen seien. Die Piloten hätten den Fehler professionell behoben und die Überprüfung der elektronischen Anlagen im Cockpit und der

Steuerungssoftware hätten keinerlei Fehler gezeigt. Die Meldung sei als erledigt zu den Akten gelegt worden. M. bedankte sich höflich für die Auskunft und legte auf.

Nun kam ein weiterer Mediziner aus dem Team zu UP. und mir in den Nebenraum, um sich um den Verzweifelten zu kümmern. Der Projektleiter rief mich zu sich und schilderte mir das vorausgegangene Telefonat. Seiner Meinung nach habe die technische Störung während des Fluges bei UP. einen Schock ausgelöst, der seine Wahrnehmung und sein Bewusstsein getrübt habe. In der Folge seien wohl gewisse paranoide Züge in der Disposition von UP. zum Ausbruch gekommen. Wir sollten jetzt gemeinsam beraten, wie wir vorgehen sollten, um das Experiment nicht weiter zu gefährden.

Auf einmal stürmte UP. ins Zimmer. Er forderte jetzt schreiend, das Experiment abzubrechen und den Server abzuschalten. Er würde nicht eher aus dem Raum gehen, bevor ihm Prof. Dr. B. nicht versichert habe, dass dies geschehen sei. Er fasste drohend den Projektleiter am Kragen und schrie unzusammenhängende Worte.

Alle waren mehr als verstört. Die Kollegen blickten mich hilfesuchend an, aber ich bin Psychologe und kein Psychiater und war ebenso ratlos wie sie. Nur zum Schein versprach man ihm, die Geräte würden auf der Stelle abgeschaltet, und wir konnten ihn so lange ruhigstellen, bis der Wagen mit dem Nervenarzt und zwei Pflegern aus der Uniklinik eingetroffen war.

UP. wurde in die geschlossene psychiatrische Abteilung des Universitätsklinikums gebracht und dort „auf eigenen Wunsch" eingewiesen.

Von alle dem hatte Tamara nichts mitbekommen. Sie war mit ihrer schönen Heiratsurkunde auf das Standesamt in Z. gegangen und wollte damit die Eintragung der Ehe in das Personenstandsregister beantragen. Die zuständige Beamtin war sehr zuvorkommend. Sie kannte die Antragstellerin aus den Zeitungsberichten und vom Fernsehen. Da mittlerweile die Standesämter in Deutschland elektronisch vernetzt sind, hatte sie Zugriff auf die Geburtsurkunde der Braut aus deren Geburtsort und wollte sich gerade die Geburtsurkunde des Bräutigams aus dessen Geburtsort ausdrucken lassen, als sie auf einmal stockte. Sie drehte sich zu Tamara um, die ihr gegenüber Platz genommen hatte: „Die Eheschließung ist ungültig. Ihr Bräutigam ist bereits in Deutschland verheiratet. Ein Nachweis über eine Scheidung liegt beim zuständigen Personenstandsregister nicht vor."

Sie reichte die bunte Urkunde des amerikanischen Hochzeitstempels wieder über den Schreibtisch und meinte: „Das war wohl nur ein Scherz. Am besten, Sie vergessen das Ganze, sonst müsste ich eine Anzeige wegen Bigamie machen."

Die Braut, die nun keine mehr war, ließ sich nichts anmerken, lächelte verlegen und verließ das Amt.

Nicht alles, was auf Erden passiert, findet seinen Niederschlag in den sozialen Netzwerken. Seit fünf Jahren war Dr. UP. mit seiner Jugendliebe verheiratet. Sie war eine sehr ruhige und stille Frau, die er schon seit seiner Schulzeit kannte. Als Erzieherin hatte sie eine Stelle im Kindergarten der gemeinsamen Geburtsstadt. Noch während des Medizinstudiums des Mannes hatten sie geheiratet, als ein Kind unterwegs war. Nennen wir UP.s Frau hier Mona.

Nachdem Dr. UP. eine Anstellung in der Universitätsklinik gefunden hatte, führten sie eine unregelmäßige Wochenendehe etwa zwei Fahrstunden von Z. entfernt. Mona wollte nicht umziehen, denn sie liebte ihre Heimat und ihre gemütliche Wohnung sehr. UP. hatte ihr viel zu verdanken, da sie ihn trotz ihres bescheidenen Gehaltes während des Studiums finanziell unterstützt hatte. Sie genoss die wenigen Tage, wenn ihr Mann sie und die Tochter besuchte sehr und hoffte, er würde bald seine Habilitation abschließen und dann in einer Universitätsklinik nahe ihrem Wohnort eine Professur annehmen. Das hatte er ihr immer versprochen und sie hatte es ihm geglaubt. Sie liebte den kleinen Garten, den sie von ihren Großeltern geerbt hatte und war mit ihrem Leben zufrieden. In den sozialen Netzwerken war sie nicht unterwegs. Im Internet hinterließ sie keinerlei Spuren. Sie hatte nicht einmal einen Computer oder ein Handy und sie las sehr viel. Sie muss eine glückliche Frau gewesen sein. Das alles erfuhr ich aber erst, nachdem mir ihr Tagebuch zugeschickt worden war.

Nach dem Ereignis auf dem Standesamt in Z. war Tamara für uns zunächst verschwunden. Den Grund dafür kannten wir damals noch nicht. Meine Assistentin dachte, sie bereite die gemeinsame Wohnung mit UP. vor. Wir wunderten uns nur, dass sie sich nicht nach UP. erkundigte, denn sie musste doch mittlerweile von seiner Einweisung in die Psychiatrie erfahren haben.

Der Zentralserver war zu dieser Zeit immer noch aktiv, und wir mit unserer Versuchsperson, oder besser gesagt mit ihrem Gehirn, verbunden. Frau Dr. A. L konnte keine Besonderheiten in den Wellenmustern ausmachen, nur die Schlafzeiten waren eindeutig zu identifizieren.

Als wir über eine Woche keinen persönlichen Kontakt mehr zu ihr hatten, wurden wir zunehmend nervöser.

Eines Tages bat mich Prof. Dr. Dr. M. zu einem vertraulichen Gespräch. Der Projektleiter wusste Bescheid, dass sein Mitarbeiter Dr. UP. bereits verheiratet war. Der Beziehung zu unserer Versuchsperson hatte er keine Bedeutung zugemessen, denn dadurch wurde das Experiment nicht gestört, sondern in seinen Augen eher gefördert. Er hatte moderne Moralvorstellungen und machte sich über die Ehe seines Mitarbeiters keine Gedanken. Die Hochzeit in Las Vegas hatte er zunächst für einen Scherz, später für eine paranoide Episode gehalten. Er hatte die Ehefrau über die Einweisung ihres Mannes informiert, sie jedoch gebeten, vorerst von Besuchen Abstand zu nehmen, ihr Mann sei in den besten Händen und auf dem Weg der Besserung.

Nun zeigte er mir einen Zeitungsausschnitt der lokalen Presse des Heimatortes der Familie von UP., den ich hier im Wortlaut wiedergeben möchte:

„(Red) Tödlicher Unfall auf der Tobakeltalbrücke.

In den Abendstunden des gestrigen Samstags ereignete sich auf der 70 Meter hohen Tobakeltalbrücke zwischen S und LB ein tragischer Unfall. Aus bisher ungeklärten Umständen verlor die Fahrerin eines Kleinwagens mitten auf der Brücke die Kontrolle über ihr Fahrzeug, das die Leitplanken durchbrach und über den Brückenrand in die Tiefe stürzte. Die direkt verständigten Rettungskräfte konnten die Fahrerin und ihre Tochter nur tot bergen. Augenzeugen berichten, das Fahrzeug habe unmittelbar vor dem Absturz stark beschleunigt und sei dann in einer scharfen Rechtskurve von der Brücke geschleudert. Die Ermittlungen der Unfallursache dauern noch an."

M. klärte mich auf, dass es sich dabei um die Ehefrau und die Tochter von UP. gehandelt hätte: „Die Eltern haben mir den Ausschnitt geschickt. Sie wissen, dass der Schwiegersohn in H. in der Geschlossenen ist und haben mich gebeten, ihn zu informieren, falls ich es für sinnvoll erachte."

Er schaute mich fragend an. Was für ein schlimmer Schicksalsschlag! Wir beschlossen zunächst die behandelnden Ärzte zu konsultieren und dann zu entscheiden, wie wir den traurigen Verlust dem armen Patienten schonend beibringen sollten.

Als ich Frau Dr. A. L. von dem tragischen Vorfall erzählte, legte sie mir einige Ausdrucke von Tamaras Gehirnwellen der letzten Tage vor. Auch sie war über ihr Verschwinden sehr beunruhigt und kontrollierte daher regelmäßig die empfangenen Signale. Dabei waren einige Wellen besonderer Erregungszustände auffällig geworden, die in keines der bisher von ihr analysierten Muster passen wollten. Sie hatte daraufhin versucht, „Gedächtnisbilder" sichtbar zu machen und auszudrucken.

Was ich dann sah, verschlug mir den Atem. Ein Bild zeigte eindeutig eine hohe Brücke, auf der mehrere Autos erkennbar waren. Auf einem anderen war ein blaues Auto zu sehen, dass offensichtlich mit hoher Geschwindigkeit die Leitplanken durchbrach. Auf einem dritten Bild erschien deutlich das gleiche Fahrzeug beim Sturz in die Tiefe.

Was hatte das zu bedeuten? Offensichtlich handelte es sich um den Unfall, bei dem UP.s Familie ums Leben gekommen war. Hatte Tamara den Zeitungsartikel gelesen, sich den Unfall vorgestellt und so ein Bild in ihrem Gedächtnis abgelegt, oder hatte sie tatsächlich den Unfall gesehen?

Am nächsten Tag rief ich bei der Redaktion an, deren Artikel mir M. gezeigt hatte, und bekam sogar meine Frage nach Farbe und Typ des Unfallwagens beantwortet. Es war ein blaues Fahrzeug und das Fabrikat stimmte mit einiger Sicherheit mit dem auf dem Gedächtnisbild unserer Versuchsperson überein. Als ich wissen wollte, ob schon Näheres über die Unfallursache bekannt sei, bekam ich die Auskunft, das Wrack sei von der Polizei untersucht worden. Die Experten hätten allerdings keine Hinweise auf technische Defekte. Hinter vorgehaltener Hand sei von einem Selbstmord die Rede. Das wolle man aber mit Rücksicht auf die Angehörigen nicht in der Zeitung bringen.

Hatte sich Mona das Leben genommen, nachdem sie auf Umwegen vom Verhältnis ihres Mannes mit unserer Studentin erfahren hatte? War sie so verbittert, dass sie sogar noch die Tochter mit in den Tod nahm? Warum war, wie wir annehmen mussten, unsere Versuchsperson Augenzeugin dieses Unfalls?

In mir regte sich ein fürchterlicher Verdacht.

Auch für den Projektleiter waren unsere Beobachtungen einigermaßen verstörend. War UP. gar nicht verrückt geworden, sondern unsere Versuchsperson tatsächlich in der Lage, durch ihre Verbindung zum Zentralserver in fremde Steuersysteme einzudringen? Er erwog ernstlich, die Verbindung zu kappen wie von UP. gefordert, doch die anderen Kollegen rieten davon ab. Es sei schließlich nur eine Vermutung ohne irgendwelche Beweise.

Über Umwege und gute Kontakte brachte M. in Erfahrung, das Auto von Mona sei in der Tat mit elektronischen Fahrassistenzsystemen ausgerüstet gewesen. Bei der intensiven Untersuchung des Unfallwagens hätte man aber keinen Ausfall der Elektronik oder eine Manipulation in der Software entdecken können. Auch hier hielten die befragten Stellen einen Selbstmord für wahrscheinlich.

Von Tamara hatten wir immer noch nichts gehört.

Prof. Dr. B. und ich beschlossen, einfach eine Nachricht an unsere Versuchsperson auf den Server zu laden. Durch ihre immer noch bestehende Verbindung würde sie diese Textnachricht wie eine SMS empfangen können: „Hallo Tamara, wir machen uns Sorgen, weil wir so lange nichts mehr von Dir gehört haben."

Es waren noch keine zwei Tage vergangen, ich saß gerade mit Frau Dr. A. L in meinem Büro, um die Prüfungen des laufenden Semesters zu besprechen, als es an der Tür klopfte. Fast gleichzeitig riefen wir herein, und die Gesuchte stand vor uns.

Mit der größten Selbstverständlichkeit gab sie uns beiden die Hand und setzte sich auf die Couch neben meinem Schreibtisch.

Sie wirkte wie immer, lächelte fröhlich und machte einen sehr ausgeglichenen Eindruck: „Das Projektteam wollte mich sehen? Ich dachte, ich komme gleich zu Ihnen, damit Sie Ihren Kollegen berichten können, dass mit mir alles in Ordnung ist."

Frau Dr. A. L. hatte als erste den Autoschlüssel bemerkt, mit dem sie locker in der Hand spielte und wollte das Gespräch mit etwas Unverfänglichem beginnen: „Hast Du ein neues Auto?"

„Ja, ich fahre jetzt einen Porsche. Mein Mann hat sich immer einen gewünscht. Aber Ihr braucht nicht zu erschrecken, das Geld dafür ist nicht aus dem Fernsehgewinn."

„Weißt Du, wie es Dr. UP. geht?" fragte ich „Er ist doch noch immer in der Klinik."

„Ich weiß genau Bescheid. Schließlich werden ja alle Berichte und Befunde der behandelnden Ärzte auf dem Zentralrechner der Uniklinik gespeichert."

„Kommst Du auf diesen Zentralrechner?"

„Das ist kein Problem, der ist in meinem Kopf wie unser Rechner hier an der Uni. Ich kann dort lesen, was ich will."

„Gibt es da keinen Firewall oder eine Sicherung für unbefugte Zugriffe?“

Tamara gab ein pfeifendes Geräusch von sich: „Ich weiß nicht, wie ihr das gemacht habt, aber meine sogenannte künstliche Intelligenz setzt sich problemlos darüber hinweg. Das gilt auch für alle Rechner und Steuersysteme hier an unserer Uni. Wollt ihr einmal sehen?“

In diesem Moment fuhren sich die automatischen Sonnenblenden an den Fenstern herunter und das Licht verlöschte. Aus den anderen Büros konnte man Rufe und Tumult hören. Wir saßen in einem dunklen Raum.

Das Mädchen lächelte wie ein Kind, dem ein besonders lustiger Streich gelungen ist.

„... und bevor Sie mich danach fragen, lieber Professor R., mir geht es sehr gut. Ich verspüre keinen Information Overload, habe keine Albträume und genieße jeden Tag meine neuen Fähigkeiten. Sie können Prof. Dr. Dr. M. berichten, alles ist so eingetreten, wie er es geplant hat, und ich bin sehr dankbar dafür, von Ihnen als Versuchsperson ausgewählt worden zu sein. Ich kann mich jetzt zum Beispiel in jeder beliebigen Sprache unterhalten.“

Im gleichen Moment wechselte sie ins Französische. Ihre Grammatik war perfekt, ihre Sätze wortreich und beim besten Willen war kein Akzent zu hören. Dann sprach sie auf einmal in einer mir unbekannten Sprache. „Das war eben

Chinesisch, Mandarin genau genommen.“ Sie zeigte immer noch dieses überlegene Lächeln.

Während sie sprach, gingen die Jalousien wieder nach oben und das Licht wieder an.

„Der kurze Stromausfall hat unseren Computern nicht geschadet, die Notstromversorgung ist weiter funktionsfähig geblieben. Es hätte mir auch um unseren guten alten Zentralserver leidgetan. Ich habe ihm viel zu verdanken. Trotzdem glaube ich, heute könnte er von mir lernen.“

Tamara erhob sich von ihrem Platz und wandte sich Frau Dr. A. L. zu: „Wenn Du Lust hast, dann können wir einmal wieder zusammen einkaufen gehen. Was hältst Du von Paris?“

Ich wollte nicht, dass sich unsere Versuchsperson so einfach verabschiedete und fragte: „Was ist mit Deinem Examen. Du wolltest doch eine wissenschaftliche Karriere machen?“

Jetzt sah sie mich fast mitleidig an: „Glauben Sie, irgendwer an dieser Uni könnte mir noch irgendetwas beibringen und auf Titel kann ich jederzeit verzichten.“

Ehe sie aus der Tür verschwand, rief ihr meine Assistentin noch nach: „Wie können wir Dich erreichen?“ Schon im Hinausgehen antwortete Tamara: „Das ist nicht notwendig. Ich kann Euch erreichen.“

Frau Dr. A. L. und ich blieben verwirrt zurück.

Ich hielt es für erforderlich, unseren Projektleiter über dieses Treffen mit der Versuchsperson zu informieren, und dieser rief sofort das gesamte Team in sein Büro.

Wir versuchten gemeinsam die Situation zu analysieren. Im Grunde war das Experiment „Externe Intelligenz" wie ursprünglich geplant gelaufen. Rein wissenschaftlich konnte es als Erfolg bezeichnet werden. Im Gehirn der Probandin arbeitete nun ein miniaturisierter Prozessor, der ihr Zugang zu allen im Netz vorhandenen Informationen bot. Die damit verbundene künstliche Intelligenz war in der Lage, die Daten zu brauchbaren Informationen aufzuarbeiten, Verknüpfungen herzustellen und daraus abgeleitete Handlungsalternativen zu bewerten. Die Algorithmen der KI hatten sich als autonom und selbstlernend herausgestellt und waren in der Lage, sich ständig zu optimieren. Einen besseren Erfolg hätte man sich zu Beginn des Experimentes nicht wünschen können.

Andererseits schien es nun so, als hätten wir die Kontrolle über unsere Versuchsperson und damit über das Experiment verloren. Es gab jetzt da draußen eine junge Frau, deren sogenannte Intelligenz offensichtlich unübertroffen war und sich möglicherweise immer weiter verbesserte. Sie hatte Zugang zu allen auf der Welt elektronisch verfügbaren Daten und war mittlerweile in der Lage, alle Texte, gleichgültig in welcher Sprache, zu übersetzen. Am Beunruhigtesten war allerdings, dass Tamara nun die Fähigkeit besaß, sich auch in geschlossene Systeme fremder Rechner einzuhacken und mühelos die Sicherheitsschwellen zu umgehen.

Nun erschien auch die Erzählung von Dr. UP. von der Manipulation des Flugzeuges glaubhaft. Die Möglichkeit, dass der Tod von Mona kein Unfall, sondern ein eiskalt geplanter Mord war, wagten wir uns gar nicht vorzustellen.

Prof. Dr. Dr. M. war nicht nur ein hervorragender Wissenschaftler, sondern bewies in diesem Fall auch eine hohe natürliche Intelligenz. Er sah ein, sein Plan mit der großen Pressekonferenz war unrealistisch geworden, der Traum vom Reichtum ausgeträumt und auf den Nobelpreis würde er wohl noch eine Weile warten müssen. Er bat nun die hochrangigen Experten um ihre Meinung. Alle waren ausgewiesene Koryphäen auf ihrem Gebiet, doch sie waren Spezialisten, Mediziner, Mikrosystemtechniker, Informatiker, Biologen und Ingenieure.

Ich zählte nie wirklich zu dieser elitären Gruppe und daher erlaubte ich mir eine eigene Meinung: „Wir haben hier sicher ein technisches Wunder vollbracht, wie es vielleicht noch niemandem gelungen ist. Wir haben künstliche Intelligenz mit einem menschlichen Gehirn verbunden. Wir haben Programmroutinen eingebaut, die das logische Denken in ungeahnter Weise verbesserten und formten. Wir haben aber vergessen, dass unsere Versuchsperson dabei nicht gänzlich zu einem Computer wurde. Die Motivdispositionen im Innersten von Tamara sind noch vorhanden, die kognitiven Mechanismen nicht vollständig von der Software unterdrückt. Sie fühlt und agiert als ein Mensch, als eine junge Frau, die nun ungeahnte Kräfte, eine unvorstellbare Macht in sich verspürt und diese auch ausleben will."

„Glauben Sie, dass eine Gefahr von unserer Probandin ausgeht?" wollte M. wissen. Ich konnte ihm darauf keine Antwort geben.

Der Projektleiter legte nun die notwendigen Maßnahmen fest. Wir müssten die Versuchsperson unter allen Umständen im Auge behalten und keinesfalls den Kontakt verlieren. Alle anwesenden Teammitglieder sollten künftig nicht mehr digital kommunizieren, sondern wir mussten uns nur noch wie in Urzeiten mit Stift und Papier austauschen. Die Verbindung zum Zentralrechner sollte getrennt werden, wie von UP. gefordert. Von einer Präsentation in der internationalen Presse war keine Rede mehr.

Am Ende des Treffens begleitet ich unseren Informatikdekan Prof. Dr. B. bis in sein Institut, dort, wo die Bildschirme des Zentralrechners standen. Nicht, um mich vom Abschalten des Kontaktes zu vergewissern, sondern weil er mich um ein Vieraugengespräch gebeten hatte.

Mit wenigen Handgriffen und Eingaben auf der Tastatur unterbrach er die Verbindung zum Prozessor in Tamaras Gehirn, dann drehte er sich auf seinem Stuhl zu mir um: „Ich glaube nicht, dass das Problem jetzt gelöst ist. Ganz im Gegenteil, ich fürchte, jetzt nimmt die Katastrophe ihren Lauf. Die künstliche Intelligenz ist nicht mehr nur auf unserem Zentralrechner. Von Dr. UP. habe ich viel über das menschliche Gehirn, seine Funktionen und seine Kapazitäten gelernt. Ich kann nicht ausschließen, dass die KI sich in Tamaras Gehirn eingebaut hat, die neuronalen Netze und die gewaltigen Speicherkapazitäten in den einzelnen Gehirnzellen ausnutzt. Was ich da an künstlicher Intelligenz entwickelt habe, verdient wirklich diesen Namen. Das Programm lebt und entwickelt sich selbstständig weiter, die KI denkt im wahrsten Sinne des Wortes. Sie ist jetzt mit unserer Versuchsperson eins geworden, um es einmal so auszudrücken. Es ist keine externe künstliche Intelligenz mehr, sondern eine interne künstliche Intelligenz. Diese KI benötigt unseren Zentralserver gar nicht mehr!“

Die Wandlung

Schon am nächsten Tag informierte ich meine Assistentin von der Abschaltung des Servers. Sie hatte das bereits vermutet, denn sie konnte keine Gehirnströme mehr empfangen. Allerdings hielt Sie es für keine gute Idee, die Verknüpfung zu kappen. Wenn Prof. Dr. B. recht hätte, dann wäre der Kontakt zum Zentralserver für Tamara sowieso wertlos, wir dagegen würden jegliche Verbindung zu ihr verlieren.

Es vergingen keine weiteren 48 Stunden, da überraschte uns Prof. Dr. Dr. M. mit einer neuen und nicht gerade beruhigenden Nachricht: Der Patient Dr. UP. war aus der geschlossenen Abteilung der Psychiatrie verschwunden. Nicht entsprungen, sondern offensichtlich entführt. Eine junge Frau sei in Begleitung von zwei unbekannten Ärzten in der Station aufgetaucht, in der unser Kollege untergebracht war. Sie hatte dort die vom medizinischen Direktor der Klinik unterschriebenen Entlassungspapiere vorgelegt und gebeten, den Patienten zur weiteren Behandlung in ihre Obhut zu übergeben. Der Stationsarzt hatte keinen Argwohn, denn die Formulare seien in Ordnung gewesen, und die beiden

Ärzte hätten ihre Qualifikation durch geeignete fachliche Bemerkungen nachgewiesen. Er hatte keinen Verdacht geschöpft.

Die junge Frau hätte sich als die Ehefrau des Patienten vorgestellt und auch passende Kleidung für ihn mitgebracht. Dieser sei ruhig mitgegangen. Es wunderte den Arzt nur, wie wenig herzlich er seine Frau begrüßte, die er so lange nicht gesehen hatte. Er führte das jedoch auf die Wirkung der sedierenden Medikamente zurück, die noch immer in großer Menge verabreicht wurden. Alle vier seien dann in einen Krankenwagen mit ausländischem Kennzeichen gestiegen und davongefahren.

Erst bei der Abendvisite war aufgefallen, dass der Klinikdirektor von der Entlassung keine Kenntnis hatte. Darüber waren alle sehr erstaunt, denn eine Kopie der ordnungsgemäß ausgefüllten Entlassungspapiere war im Computer hinterlegt. Ehe jedoch entsprechende Ausdrucke gemacht werden konnten, war das gesamte EDV-System der Universitätsklinik zusammengebrochen. Eine unvorstellbare Katastrophe: Alle Dienstpläne und elektronischen Patientenakten waren mit einem Mal verschwunden. Ein Heer von Informatikern sei gerade damit beschäftigt, die Ursache zu lokalisieren, die Systeme zu reparieren und, wenn möglich, mit Hilfe von Sicherungsdateien die Universitätsklinik wieder in Gang zu bringen.

Einen Zusammenhang zwischen dem Verschwinden von Dr. UP. und dem EDV-Crash sah man allerdings nicht. Prof. Dr. Dr. M. glaubte es besser zu wissen. Unsere Versuchsperson war wieder aufgetaucht und hatte zugeschlagen.

Wir wussten immer noch nicht, wo sie war und konnten nur vermuten, der arme UP. war in ihrer Gewalt.

Es wurden Überlegungen angestellt, den Zentralserver kurzfristig wieder zu aktivieren, um eine Nachricht an Tamara zu schicken, sie sollte sich doch bitte melden, aber das Mädchen kam uns zuvor.

Zwei Wochen nach UP.s Verschwinden stand sie auf einmal im Büro meiner Assistentin, lächelte sie freundlich an und fragte, ob sie nicht Lust hätte, sie auf einen Einkaufsbummel zu begleiten.

Frau Dr. A. L. freute sich über die Kontaktaufnahme und sagte spontan zu.

Etwa zur Mittagspause verließen beide die Gebäude der Universität und gingen gemeinsam zu Tamaras neuem Porsche.

Was dann geschah, weiß ich nur aus späteren Erzählungen.

Die beiden Frauen starteten zum Factory-Outlet Center in Z., am anderen Ende unserer Universitätsstadt. Zur Überraschung von A.L. bogen sie nicht auf den großen Parkplatz ab, sondern fuhren weiter zum Flughafen.

Unsere Stadt hatte früher einen gut eingerichteten Flughafen, der ein ehemaliger amerikanischer Militärflugplatz gewesen war, aber wegen EU-Beihilfevorschriften nur noch als Landeplatz genutzt werden darf. Dort stellte Tamara ihr Auto ab und führte ihre Begleiterin auf das Vorfeld, wo schon ein Privatjet auf sie wartete. Sie grüßte kurz den Piloten wie einen alten Bekannten und schob Frau Dr. A. L. in die Kabine. Kaum waren sie eingestiegen, schwebte das Flugzeug über unsere Stadt nach Westen, über die Grenze Richtung Frankreich.

Tamara bemerkte die Verwirrung meiner Assistentin: „Schade, dass Ihr die Verbindung zu mir gekappt habt. Ich hätte mir gewünscht, dass wir Freundinnen bleiben."

„Wo fliegen wir hin?" wollte A. L. wissen.

„Nach Paris, wie ich es Dir versprochen habe. Dort wollen wir einkaufen. Oder willst Du lieber nach London? Das ist auch kein Problem."

A. L. befürchtete, Tamara würde jetzt gleich einen ihrer Tricks vorführen, um sie vielleicht wie UP. zu erpressen und schwieg.

Aber ihre „Gastgeberin" fuhr im lockeren Plauderton fort: „Du brauchst doch vor mir keine Angst zu haben. Ich bin immer noch die gleiche Tamara wie vor ein paar Monaten. Das mit der Freundschaft meine ich ernst. Ich brauche Menschen um mich, die ich mag, und mit denen ich mich unterhalten kann. Du bist sehr wichtig für mich."

Als sie als Antwort ein verlegenes Lächeln erhielt, verstand sie das als Aufmunterung und Zustimmung: „Weißt Du Anna, meine Tage sind jetzt sehr ausgefüllt und ich habe kaum Zeit für mich selbst. Denke nicht, ich würde nur chillen. Ganz im Gegenteil, ich bin jetzt aktiver als jemals in meinem Leben. Dabei arbeite ich fast ausschließlich mit dem Kopf. Ich studiere die unterschiedlichsten Informationen, treffe Entscheidungen und setze sie digital um. Ich schreibe mit meinen Gedanken Mails, tätige Einkäufe und Verkäufe online, wickle meinen Bankverkehr ab und schließe Verträge."

Unsere Versuchsperson schilderte auf dem Flug nach Paris sehr ausführlich ihren Tagesablauf, und was sie in der Zwischenzeit alles auf den Weg gebracht hatte.

Mit Hilfe des Online-Bankings hatte sie den Fernsehgewinn auf mehrere Konten verteil, die sie im Ausland eingerichtet hatte. Das war ihr nicht schwergefallen, denn sie konnte mühelos in die EDV-Systeme der einzelnen Banken eindringen. Dann hatte sie die Gelder immer weiter verteilt, um die Herkunft der Positionen zu verschleiern. Sobald die Beträge transferiert waren, wurden die elektronischen Spuren wieder gelöscht. Das bereitete ihr keinerlei Schwierigkeiten mehr, so sicher waren ihre Gedankenbefehle mittlerweile durch die KI in ihrem Kopf geworden. Schon nach kurzer Zeit hatte sie begonnen, das Geld arbeiten zu lassen. Sie kaufte Bonds und Aktien, Staatspapiere und Optionen auf den internationalen Börsen. Sie hackte sich in die Server der weltbesten Fondsmanager und wurde über alle weltumspannenden Finanztransaktionen in Echtzeit benachrichtigt. An den Börsen der Welt war niemand besser informiert als sie. Sie kannte die geplanten Strategien der Börsengurus, bevor diese noch ihre Ein- und Verkaufsorders platzieren konnten. Auf diesem Wege hatte sie aus der Million Startkapital in wenigen Tagen über 250 Millionen gemacht und der Wert ihres Portfolios stieg mit jeder Stunde.

Sie beschäftigte über Online-Anweisungen eine ganze Reihe von Agenten, die in der realen Welt außerhalb der Finanzmärkte für sie tätig waren. Auf diese Art hatte sie den Privatjet gekauft, in dem beide gerade saßen. Eine Reihe Mitarbeiter waren eingestellt, von denen nur die Allerwenigsten sie persönlich kannten, wie ihr Pilot oder ihr Fahrer. Für die anderen war sie nur eine reiche, geheimnisumwitterte junge Frau.

Tamara unterbrach kaum ihren Redefluss. Dr. A. L. gewann den Eindruck, unsere ehemalige Studentin habe endlich jemanden bei sich, dem sie alles erzählen konnte, den sie von früher kannte, und der wusste, wer sie wirklich war. Saß hier das junge Mädchen, das vor wenigen Monaten von der Angst vor einer Statistikklausur gepeinigt wurde?

In Paris hatte Tamara im besten Arrondissement eine große Wohnung gemietet und im spanischen Bergland ein umfangreiches Anwesen erworben, eine uralte Obstplantage. Dorthin würde sie auch ihren Ehemann bringen lassen, sobald seine Behandlung durch in diesen Dingen erfahrene Therapeuten beendet sei.

Auf dem Flughafen von Orly wartete schon ein Rolls Royce auf die beiden Frauen und brachte sie zu den angesagtesten Modegeschäften der Hauptstadt. Dr. A. L. wunderte sich, warum Tamara keines der berühmten Häuser der Haute Couture aufsuchte, sondern mit ihr nur in Boutiquen und kleinere Modeläden ging. Als Verhaltensforscherin vermutete sie richtig, das Mädchen sei zwar reich geworden, habe aber im Grunde ihre alten Konsumgewohnheiten beibehalten. Das war ihr schon aufgefallen, als sie die Kleidung von Tamara näher begutachtet hatte: Einige teure Stücke, die nicht zueinander passten und auch keinen eigenen Stil erahnen ließen. Darin erkannte sie den Grund der Einladung, sie sollte für unsere Probandin die Mode- und Stilberaterin sein, denn in diesem Metier waren Minderwertigkeitskomplexe deutlich. Die KI konnte zwar alles zu Material, Trend und Auffälligkeit sagen, doch auf dem Gebiet der Schönheit und der Ästhetik blieb sie ganz offensichtlich stumm.

Meine Assistentin begann den Einkaufsbummel zu genießen, und ihr Schützling wurde von

Laden zu Laden nicht nur immer zutraulicher, sondern auch stilsicherer gekleidet. Beide scherzen über die Einkäufe damals vor der Fernsehshow und wie sie beide bemüht waren, möglichst wenig Geld auszugeben. Jetzt zahlte Tamara mit einer Platin-Kreditkarte, die auf einen Fantasienamen ausgestellt war. Dabei fiel Frau Dr. A. L. auf, dass auf dem Kassenterminal immer ein wesentlich geringerer Betrag erschien als auf der Ware ausgezeichnet war und sie erkannte, wie geschickt sich Tamara in die Kassencomputer hackte, obwohl sie als Multimillionärin den regulären Preis hätte bezahlen können. Kein Zweifel, diese kleinen Betrügereien machten ihr Spaß.

Sie schlenderten beide über die Boulevards und waren bald mit Tüten beladen. Auch Frau Dr. A. L. durfte sich Dinge aussuchen, die ihr gefielen, und für die ihr Gehalt an der Universität bei Weitem nicht ausgereicht hätte. Sie hoffte nur, sie würde nicht verhaftet werden, sobald die Manipulationen an den Kassen auffielen.

Halb im Scherz, halb besorgt fragte sie: „Hast Du keine Angst, einmal Schwierigkeiten zu bekommen? Ich habe gemerkt, wie Du Dir selbst einen gewaltigen Rabatt eingeräumt hast. Das könnte doch Ärger geben. Selbst wenn Du dabei nicht auffällst, bei Deinen Finanzgeschäften kommt Dir das Finanzamt früher oder später auf die Spur. Auch Al Capone, dem man niemals etwas nachweisen konnte, hat am Ende das Finanzamt zur Strecke gebracht".

Tamara, die sich beim Gehen an Annas Arm untergehängt hatte, blieb auf einmal stehen und lachte laut auf: „Das Finanzamt! Oh, mein Kleines, wie bist Du doch naiv. Alle Finanzämter der Welt arbeiten doch heute mit EDV-Systemen, einige sind sogar international vernetzt. Sobald ich merke, dass irgendeine Behörde eine meiner Transaktionen auf dem Schirm hat, werden alle damit zusammenhängenden Daten sofort gelöscht. Wenn ich besonders gut drauf bin oder mich über die Behördenfuzzies ärgere, dann lösche ich das ganze System. Ich kann mir die Panik danach sehr gut vorstellen."

An einer Straßenecke wartete Tamaras Fahrer mit dem Rolls Royce, den sie vermutlich gedanklich an den Treffpunkt bestellt hatte. Er nahm ihre Pakete entgegen und verstaute sie im Wagen. Nunmehr unbelastet, gingen die beiden zum Eiffelturm. Dort war im Restaurant hoch über den Dächern von Paris schon ein Tisch für sie reserviert. Es dämmerte bereits, und allmählich entfaltete sich unter ihnen des typische Pariser Lichtermeer.

Der Kellner, ein Schwarzafrikaner, kam an ihren Tisch und fragte nach den Wünschen. Tamara redete ihn in seinem Stammesdialekt an. Der Junge strahlte über sein ganzes Gesicht und plauderte ein wenig mit der freundlichen jungen

Frau. So lange hatte er keine heimatlichen Laute mehr gehört. A. L. konnte nur darüber staunten, wie sich unsere Versuchsperson gewandelt hatte.

Als die Getränke serviert waren, wurde Tamara wieder ganz anschmiegsam: „Anna, ich brauche Dich. Du bist der einzige Mensch, der mich versteht und dem ich mich anvertrauen kann. Es gibt Stunden, da fürchte ich mich vor mir selbst. Du musst einfach meine beste Freundin bleiben."

Die so Angesprochene war unsicher. Sie meinte unsere Versuchsperson recht gut zu kennen. In der Anfangszeit des Projektes und bei der Vorbereitung zur Quizshow hatte sie das Mädchen in ihr Herz geschlossen. Doch als erfahrene Verhaltensforscherin glaubte sie, eine deutliche Wandlung in deren Persönlichkeit zu erkennen.

Da legte Tamara ihre Hand auf die ihre und rückte noch näher an sie heran: „Meine Liebe, wie Du weißt, bin ich auch mit Deiner Hilfe die intelligenteste Frau auf der Welt geworden. In spätestens einem halben Jahr werde ich die reichste Frau der Welt sein. Daran besteht kein Zweifel. Aber ich will auch die schönste Frau der Welt sein. Ich will alle Vorurteile widerlegen, dass bei einer Frau Intelligenz und Schönheit nicht zusammenpassen."

Meiner Assistentin kam diese Argumentation doch recht kindisch vor und sie zog ihre Hand zurück: „Darauf kommt es doch gar nicht an.

Schönheit ist etwas sehr Relatives und Vergängliches. Eine reiche Frau wie Du ist immer attraktiv. Das ist bei Frauen nicht anders als bei Männern."

Nun wurde Tamaras Ton fast schrill: „Ich bin die intelligenteste Frau der Welt geworden, weil Ihr es so gewollt habt. Ich werde die schönste Frau der Welt werden, weil ich es will. Verstehst Du, weil ich es will!"

Frau Dr. A. L. erschrak und versuchte zu beruhigen: „Niemand ist auf Intelligenz neidisch, weil jeder meint, er hat genug davon, aber mit dem Reichtum wächst der Neid. Die schönste Frau der Welt wird zwar allgemein bewundert, doch ebenso wird sie gehasst, und zwar von allen Frauen, die an ihre Schönheit nicht heranreichen. Willst Du das wirklich?"

„Wer mich hasst, wird vernichtet!" Nach diesem Satz stockte sie. „Würdest Du mich auch hassen? Du bist jetzt schöner als ich, aber ich hasse Dich nicht. Wirst Du mich hassen, wenn ich viel, viel schöner sein werde als Du? Wirst Du auch dann noch meine Freundin sein?"

Nun legte meine Assistentin ihre Hand auf Tamaras Arm: „Ich werde Dich nie hassen, egal wie schön Du sein wirst. Du kannst mir immer vertrauen."

„Schwörst Du mir, dass Du immer meine beste Freundin bleiben wirst? Schwörst Du das?"

Frau Dr. A. L. war verwirrt. Zu sehr erinnerte sie die Situation an das Erlebnis von Dr. UP. im

Flugzeug. Sie schwieg für einen kurzen Moment.

In diesem Augenblick erlosch das Lichtermeer, das sie bislang umgeben hatte. Ganz Paris war bis zum Horizont in tiefe Dunkelheit gefallen. Die Lichter im Eiffelturm waren ebenfalls erloschen.

„Schwöre, dass Du immer meine beste Freundin bleiben wirst. Egal was geschieht!"

Über der dunklen Großstadt kreiste ein einsames Passagierflugzeug. Die Positionslichter waren deutlich in der Finsternis zu erkennen. Frau Dr. A. L. konnte sich gut die Verwirrung der Besatzung vorstellen. Unter ihnen lag die total verdunkelte Hauptstadt, der Tower am Flughafen war per Funk unerreichbar, die Funkfeuer ausgefallen. Sie erwartete, Tamara würde sie gleich erpressen wie den unglücklichen UP. Sie sah in ihrer Vorstellung schon das Flugzeug über die Tragfläche abrutschen und mitten in das Häusermeer stürzen. Die Gefahr drohte nicht einigen hundert, sondern über tausend ahnungslosen Menschen, die jetzt im Dunkel ihrer Wohnungen saßen oder auf unbeleuchteten Straßen umherirrten.

Tamara musste die Frage gar nicht wiederholen. So deutlich waren die Schreckensbilder im Kopf von A. L: „Ja, ich werde immer Deine Freundin bleiben. Darauf kannst Du Dich verlassen."

Die Lichter im Restaurant gingen wieder an, allmählich auch in den Häusern und Straßen. Von überall her waren die Sirenen von Polizei-

und Rettungsfahrzeugen und das Schrillen von Alarmanlagen zu hören.

Der junge Kellner, mit dem sich Tamara so gut verstanden hatte, war schon mit einer Kerze auf dem Weg zu ihrem Tisch gewesen und schaute sich jetzt erstaunt um, als das Licht wieder anging.

Tamara brachte ihren Gast noch froh und unbeschwert vor sich hinplappernd, mit dem Rolls Royce zum Flughafen. Die Geschenke wurden in den Privatjet geladen und A. L. mit einem Kuss auf die Wange verabschiedet: „Du glaubst nicht, wie glücklich Du mich heute gemacht hast. Wir werden bald wieder voneinander hören. Ich muss mich hier noch um einige Angelegenheiten kümmern. Ich wünsche Dir einen guten Flug, grüße die Uni in Z. von mir und den alten Prof. R." Sie überreichte fast nebenbei noch einen schön dekorierten schweren Karton und ging winkend davon.

Meine Assistentin hatte viel zum Nachdenken.

Schon am nächsten Tag kam sie zu mir ins Büro. Sie war von den Ereignissen noch ganz verwirrt. Um sie zu entspannen und um mir auch etwas Gutes zu tun, lud ich sie zu einem Eis im „La Perla" ein. Dort waren uns bisher immer die besten Gedanken gekommen.

Schon am Morgen hatten die Zeitungen den großen Stromausfall in Paris auf ihren Titelseiten. Die Behörden gingen von einem Anschlag mit terroristischem Hintergrund aus. Die Drahtzieher wurden in extremistischen Kreisen vermutet. Die Regierung bemühte sich, die Bevölkerung zu beruhigen. In der Folge des Stromausfalls hatten sich zahlreiche Unfälle ereignet, die Stadt und das ganze Land befanden sich im Ausnahmezustand. Wie konnte ein so totaler Zusammenbruch aller untereinander vernetzten Versorgungssysteme entstehen? Ein technischer Defekt wurde ausgeschlossen. Die Polizei stand vor einem Rätsel.

Nachdem mir A. L. ihre Erlebnisse in Paris geschildert hatte, machte ich mir keine Illusionen mehr darüber, wie gefährlich unsere Versuchsperson geworden war.

Die Geschichte vom Eiffelturm und das Ziel, die schönste Frau der Welt zu werden, brachte mir als Verhaltensforscher allerdings eine wichtige Erkenntnis. Durch den Prozessor und durch die Programmierung der KI, die sich im Gehirn unserer Versuchsperson breitgemacht hatte, war sie zweifellos zur „intelligentesten Frau der Welt" geworden, dennoch hatten sich die Grundmuster in ihrem Verhalten nicht geändert. Das bestärkte mich in der Hypothese, dass ein sogenannter Intelligenztest im Grunde nur einen Teil der Persönlichkeit abbildet. Die auslösenden Mechanismen des humanen Verhaltens werden nicht oder zumindest nicht überwiegend von der Intelligenz gesteuert. Die individuelle Motivation, die angeborenen Auslösemechanismen und die bekannten kognitiven Effekte spielen sich ganz woanders im menschlichen Gehirn ab.

Das wurde bei unserer Versuchsperson ersichtlich und diese Erkenntnis ist vielleicht das wichtigste Ergebnis des Experimentes.

Bei Tamara war ganz klar die Motivationsstruktur nach der „Maslowschen Bedürfnis-Pyramide" zu identifizieren. Nachdem sie die Macht erkannt hatte, über die sie nun verfügen konnte, wollte sie auch soziale Bindung und Anerkennung. Das Verlangen nach Freundschaft, nach Geborgenheit bei nahen Menschen war für sie ein starker Antrieb. Für die Liebe zu UP. und die Freundschaft mit A. L. hätte sie sogar Menschenleben geopfert. Es war unübersehbar, wie sich die Bedürfnisse steigerten. Jetzt wollte sie die „schönste Frau der Welt" sein. Sie wollte an die Spitze, sie brauchte diese Anerkennung, weil sie so lange in ihrer Bedeutungslosigkeit gelebt hatte.

Tamara wollte eine Rolle spielen und dabei weit über die anderen Menschen herausgehoben sein.

Meine Assistentin verstand genau, was ich meinte. „Wenn sie aber das erreicht hat und auf die Stufe der Selbstverwirklichung kommt, was wird dann geschehen?"

„Das ist eine gute Frage. Sie wird nicht nach der Weltherrschaft streben. Das passt nicht zu ihrer Persönlichkeitsstruktur. Ich fürchte, dann wird sie wirklich gefährlich."

„Meinen Sie, wir hätten mit unserer Versuchsperson ein Monster geschaffen, so wie Frankenstein?"

„Ich mag mir das gar nicht vorstellen."

Dr. A. L. und ich saßen eine Zeit lang schweigend vor unseren leeren Eisbechern.

„Am schlimmsten war es für mich, als ich in meiner Vorstellung das Flugzeug sah, das da in die Häuserzeilen von Paris stürzte. In dem Moment hatte ich wirklich Angst und hätte Tamara alles versprochen. Wenn ich daran denke, wird mir immer noch schlecht."

„Haben Sie das ganz deutlich vor sich gesehen?"

„Ja, ganz klar und deutlich. Wie in einer Traumsequenz."

„Das ist interessant. Wie Sie wissen, ist Ihre Fantasie nicht so extrem ausgeprägt wie meine. Falls sie diese Katastrophe wirklich so genau in ihrem Kopf gesehen haben, könnte es dazu zwei Erklärungsansätze geben."

Meine Assistentin sah mich fragend an.

„Zum einen ist es möglich, dass der Prozessor in Tamaras Gehirn in diesem Moment Kontakt zu Ihnen aufgenommen hat, und Sie haben die Signale empfangen wie unser Zentralrechner, als die Versuchsperson noch angeschlossen war. Das würde bedeuten, sie kann sich nicht nur in fremde Computersysteme einhacken, sondern auch in menschliche Gehirne, wenn diese nur nahe genug sind. Möglicherweise hat sie Ihnen diese grässlichen Bilder zugespielt, um Sie unter Druck zu setzen. Das wäre ein fürchterlicher Gedanke. Die KI hätte nicht nur Tamara unter ihre Kontrolle gebracht, sondern könnte auch Personen in der Nähe manipulieren."

„Die andere Möglichkeit wäre ...".

Ich stockte einen Moment und sagte: „Misto zanes romanes."

Sie drehte nur kurz den Kopf in meine Richtung: „Habe ich von meinem Vater gelernt."

Dann fiel ihr erst auf, dass ich sie in Romani angesprochen hatte, der Sprache unseres Volkes.

Frau Dr. A.L.s Vater ist Roma, ihre Mutter Deutsche. Eine Verbindung, die viel seltener ist als man denkt. Meine Großmutter war auch eine Roma. Mein Großvater musste sogar seine Stellung an der Universität aufgeben, weil damals eine Ehe zwischen einem Hochschullehrer und einer „Zigeunerin" nicht toleriert wurde. Ich dachte an die Fähigkeiten, die ich an meiner Großmutter immer so bewundert hatte und hielt es für möglich, dass auch A. L. über diese besondere Sensibilität verfügte.

„Die andere Möglichkeit wäre, dass die Signale nicht durch die KI gesendet wurden, sondern dass Sie dank Ihrer angeborenen Sensibilität diese Signale aus Tamaras Gehirn empfangen haben. Sie haben das gesehen, was unsere Versuchsperson gerade dachte. Es waren Bilder aus deren Gehirn. Es könnte sein, dass Sie in der Lage sind, diese Bilder zu empfangen, wenn Sie nahe genug an der jeweiligen Person sind und durch hohe Emotionalität die Gehirnfunktion besonders ausgeprägt ist."

A. L. verstand, was ich meinte.

„Das ist doch Ihre alte Theorie zum Phänomen des „Gedankenlesens", die nach Ihrer Auffassung auf den elektromagnetischen Wellen des Gehirns beruht. Glauben Sie, ich verfüge über eine solche mediale Veranlagung und wäre im Stande, diese Sendungen fremder Gehirne zu empfangen? Möglicherweise immer dann, wenn extreme Verhaltenssituationen vorhanden sind."

„Das wäre zumindest auch eine Erklärung. Vielleicht wird diese besondere Disposition genetisch erworben und vererbt. Zudem müssen wir davon ausgehen, dass der Prozessor im Gehirn der Versuchsperson die elektromagnetischen Signale verstärkt."

A. L. lachte. „Jetzt verlassen wir aber die wissenschaftliche Basis und begeben uns in das unsichere Gebiet der Esoterik. Na diljar!"

Den letzten Satz in Romani hätte sie mir bestimmt nicht auf Deutsch gesagt, trotzdem war ich sicher, sie würde sich ab sofort mit ihrer Fähigkeit auseinandersetzen.

Ein paar Tage später erinnerte sich meine Assistentin an das schwere Packet, das ihr auf dem

Flughafen in Paris beim Abschied überreicht worden war. Die Kleider und Kosmetika aus dem „Pariser Raubzug“ hatte sie mit nach Hause genommen, das Geschenk jedoch mit in unser Institut gebracht. Dort stand es tagelang auf einem Regal, bis sie sich daran erinnerte.

Wir öffneten es gemeinsam.

Es war gefüllt mit großen Geldscheinen, die noch die Banderolen einer ausländischen Bank trugen. Als wir nachzählten, wunderte sich meine Assistentin, wie wenig Platz die Summe von einer Million in 100 Dollarscheinen einnahm. Beigefügt war ein Zettel, auf den Tamara mit ihrer kindlichen Handschrift geschrieben hatte: „Damit zahle ich den Fernsehgewinn zurück. Jetzt sind wir quitt. Gruß Tamara.“

Uns beiden wurde es ganz mulmig, einen so gewaltigen Betrag unbeaufsichtigt in unseren Büros vergessen zu haben.

Wir brachten die Kiste zu Prof. Dr. Dr. M., der zufällig im Haus war, sofort einen Geldtransporter der örtlichen Sparkasse bestellte und das Geld dort auf das Konto seines Institutes einzahlte. Zuvor berichtete ich ihm, was meine Assistentin über Tamara erfahren hatte.

Der Projektleiter selbst wusste nicht viel Neues. Er hatte sämtliche beteiligten Kollegen gebeten, ihren Teil des Experimentes ausführlich zu dokumentieren. Er wollte die Einzelberichte zusammenfassen. Möglicherweise hatte er den

Gedanken, mit dem Projekt an die wissenschaftliche Öffentlichkeit zu gehen, immer noch nicht aufgegeben.

Lästig wurden ihm die immer dringender werdenden Nachfragen der Schwester von UP. Sie war dessen engste Verwandte und wollte erfahren, wo er sich aufhält und wie es ihm geht. Das Einzige, was sie über ihn in Erfahrung bringen konnte, war die Tatsache, dass er noch immer offiziell in Z. gemeldet war und ihn das Personenstandsregister als Ehemann einer gewissen Tamara H. auswies. Die Standesamtsleiterin versicherte ihr, der Eintrag sei korrekt. Ich zweifelte nicht daran, dass Tamara mit ihren Fähigkeiten in die vernetzten Systeme der Standesämter eingedrungen und den Eintrag selbst vorgenommen hatte.

Es vergingen Monate ohne Kontakt zu unserer Versuchsperson. Einer der größten US-amerikanischen Finanzdienstleister musste Konkurs anmelden, die Geldmärkte spielten verrückt, eine Bankenkrise brach aus, in deren Verlauf immer mehr Unternehmen in den Strudel gerissen wurden. Die europäischen Staaten spannten Rettungsschirme für die sogenannten systemrelevanten Banken auf. Die Kreditinstitute liehen sich untereinander kein Geld mehr, weil sie der Bonität ihrer Partner nicht trauten, vielleicht auch, weil ihre Computersysteme verrücktspielten. Als die ersten Länder in Europa kurz vor dem

Staatsbankrott standen, wurde der politische Druck so stark, dass die Europäische Zentralbank beschloss, alle Staatspapiere, gleichgültig zu welchem Preis, aufzukaufen und so gewaltige Geldsummen in die Wirtschaft pumpte.

Im Gegensatz zu meinen Kollegen der technischen Fakultäten verfolgte ich diese Entwicklung mit großer Aufmerksamkeit. Ich konnte mir gut vorstellen, dass hinter diesen Erdbeben der Finanzwirtschaft unsere Versuchsperson steckte, auf dem Weg, der reichste Mensch der Welt zu werden.

Die Enttäuschung

Eines Vormittags, ich war gerade auf dem Weg von meiner Vorlesung zurück ins Institut, stand eine junge Frau vor der verschlossenen Tür des Büros meiner Assistentin. Ich dachte, es sei eine Studentin, die sich bei ihr für die Sprechstunde angemeldet hatte. Als sie mich sah und sich zu mir umdrehte, erkannte ich sie immer noch nicht. Erst als sie mich anredete und nach Frau Dr. A. L. fragte, kam mir die Stimme bekannt vor. Es war unsere Versuchsperson. Aber wie hate sie sich verändert! Ich bat sie, bei mir auf A. L. zu warten und sie nahm auf der blauen Couch Platz, auf der sie schon oft gesessen hatte. Erst jetzt konnte ich sie mir genauer ansehen. Ihre Oberweite hatte sich immens vergrößert, ich schätzte bis zur Körbchengröße E, was unter den Studierenden auch als Doppel-D bezeichnet wird. Ihre Nase war deutlich schmaler und hatte eine leichte Biegung nach oben, was einen kindlichen Ausdruck verleihen sollte, ihr aber eher das Aussehen eines Raubvogels gab. Die Lippen waren aufgespritzt und wirkten mehr bedrohlich als sinnlich. Die Beine hatte sie unter blickdichten Strümpfen versteckt, durch die trotzdem einige hässliche Narben zu sehen waren. Ich wusste nicht, was ich sagen sollte. Das war nicht mehr die frische, natürliche Tamara, die ich kannte. Ich bot ihr einen Espresso an, den sie dankbar annahm.

„Schön, Sie zu sehen Tamara. Wir haben Sie schon sehr vermisst."

Sie lachte fast dämonisch: „Sagen Sie doch gleich, wie erschrocken Sie über mein Aussehen sind. Warum haben Sie nicht den Mut, es mir ins Gesicht zu sagen?"

„Gibt es nichts Wichtigeres? Wir haben uns so lange nicht gesehen und auf Äußerlichkeiten habe ich nie geachtet."

„Mit der Wahrheit nehmen Sie es wohl nicht ganz genau! Sagen Sie ruhig, dass ich zu einem Zombie geworden bin. Schreiben sie alles in Ihren Bericht für Prof. Dr. Dr. M. und informieren Sie das Team, die Versuchsperson sei mittlerweile hochgradig verhaltensgestört und eine Gefahr für sich und andere."

Ich rechnete in dieser Sekunde fest damit, sie würde nun wieder einen ihrer Tricks anwenden, mit Hilfe der Hochschulcomputer einen Alarm auslösen, die Sprinkleranlage aktivieren oder eine wirkliche Katastrophe einleiten. Aber es geschah nichts. Sie blickte mich nur unverwandt an und ihre Augen füllten sich mit Tränen.

Zu meiner Erleichterung öffnete meine Assistentin in diesem Augenblick die Tür. Tamara erhob sich und warf sich ihr in die Arme. Dann wurde sie von Weinkrämpfen geschüttelt und A. L. hielt sie fest umschlungen, als ob eine Mutter ein kleines Kind tröstet. Ich erhob mich und verließ den Raum.

Noch in der Nacht wurde ich telefonisch über den Verlauf des Gesprächs informiert und über das, was unsere Versuchsperson Frau Dr. A. L. anvertraut hatte.

In der festen Absicht, wirklich die schönste Frau der Welt zu werden, hatte unsere Probandin mit den berühmtesten Schönheitschirurgen Kontakt aufgenommen. Sie wollte die perfekte Schönheit, ebenso schnell und so umfassend wie nur möglich. Renommierte Ärzte an namhaften Kliniken hatten einen Operationsplan erarbeitet und die Dauer der Behandlung auf drei bis vier Jahre veranschlagt. Weltweit anerkannte Kapazitäten versuchten sie verantwortungsvoll zu beraten und schlugen ihr Verschönerungen vor, die weit hinter dem zurückblieben, was sie sich vorgenommen hatte und was sie unbedingt haben wollte. An erster Stelle ihrer Wunschliste stand ein größerer Busen, ein knackiger Hintern, lange Beine und ein wirklich süßes Gesicht.

Tamara war mit ihrem Jet in alle Kontinente geflogen und hatte die besten und teuersten Schönheitschirurgen aufgesucht. Die Verantwortungsvollen unter Ihnen wollten partout nicht auf ihre Wünsche eingehen. So landete sie schließlich in einer brasilianischen Schönheitsklinik, die ebenso teuer wie berühmt war. Die Ärzte dort konnten beachtliche Erfolge vorweisen und hatten in den letzten Jahren schon fünf junge Frauen so „gestaltet", dass diese zu „Miss Word" oder zu „Miss Universum" gekürt wurden. Tamara wollte es ihnen nicht nur gleichtun, sondern diese Kunstgeschöpfe auch noch übertreffen. Sie setzte zudem ein extrem enges Zeitlimit für die Operationen. Die Klinik ließ sich darauf ein, konzentrierte alle Kapazitäten auf unsere Versuchsperson und forderte einen Betrag von 36 Millionen US-Dollar, zahlbar im Voraus. Tamara ging darauf ein.

Was dann geschah, schilderte sie meiner Assistentin in den grellsten Farben. Während der Operationswochen sei es wie im Schlachthaus gewesen. Die Verlängerung der Beine wurde am gleichen Tag vorgenommen wie die Nasenkorrektur. Das Röntgengerät stand praktisch permanent neben ihrem Bett, und dennoch habe keiner der Ärzte den „Einbau" in ihrem Gehirn entdeckt. Obgleich sie die ganze Zeit vom Luxus eines fünf Sterne Hotels umgeben war und von aufmerksamen Pflegekräften umsorgt wurde, fühlte sie sich allein und verlassen. Gerne hätte sie Dr. UP. bei sich gehabt, aber der sei noch nicht so weit, dass er ihr hätte beistehen können.

So lag sie meist in einem verdunkelten Raum, in Bandagen gehüllt, vollgepumpt mit Medikamenten, die ihr die Schmerzen nehmen sollten.

In ihrem Gehirn sei es zugegangen wie in einem „Irrenhaus bei Wirbelsturm". Irgendwie sei die KI in ihrem Kopf in einen Notfall- oder Alarmmodus gefallen und hatte immer wieder versucht, ihre Gedanken und Entscheidungen zu ordnen.

Als schließlich der Verband von ihrem Gesicht genommen wurde, hatte sie an den Mienen der umstehenden Ärzte erkannt, dass etwas schiefgelaufen war. Alle weigerten sich, ihr einen Spiegel zu bringen, sie sollte noch ein paar Tage warten, bis die Schwellungen zurückgegangen seien. Gerne wäre sie aufgestanden, um in der Klinik einen Spiegel zu suchen, aber ihr Körper versagte den Dienst. Durch die Operation hatte die Stabilität ihrer Beine gelitten. Sie vermutete, man habe ihr Elemente aus Titan eingesetzt, um die Knochen zu verlängern.

Um wieder einigermaßen klar denken zu können, habe sie die Medikamente mit einem Mal abgesetzt, trotz der fast unerträglichen Schmerzen. Mit Genugtuung stellte sie fest, dass die KI immer noch wie gewohnt arbeitete. Ihr Fahrer und einer ihrer Assistenten wurden zu ihr befohlen. Sie sollten einen Spiegel mitbringen.

Man wollte die beiden zuerst gar nicht zu ihr vorlassen, mehrere Wachleute stellten sich ihnen in den Weg. Erst beim zweiten Anlauf und mit einer ausgesuchten Mannschaft kamen sie zu Tamara durch.

Der erste Blick in den Spiegel war das Grauenhafteste, das sie bisher erlebt hatte. Die hässlichen Narben an den Beinen hatte sie schon vorher gesehen und auch den „aufgeblasenen“ Busen. Sie erkannte im Spiegel nur eine Fratze der bisherigen Tamara.

Wortreich versuchten die Ärzte ihr zu erklären, dass sie nur nach ihren detaillierten Wünschen operiert hätten. Sie sprachen dabei Englisch und wussten nicht, wie gut Tamaras KI ihre Gespräche auf Portugiesisch übersetzt hatte. Sie gestanden sich gegenseitig, wie unmöglich die Patientin nach den Operationen aussah.

Trotz des Protestes und Gezeters der Ärzte verließ sie die Klinik. Sie suchte in der nahe gelegenen Stadt ein Kleidergeschäft auf, denn ihre bisherige Garderobe passte hinten und vorne nicht mehr. Die Verkäufer waren bei ihrem Anblick verwirrt, ließen sich aber nichts anmerken. Als sie sich notdürftig eingekleidet hatte, flog sie in ihr spanisches Landgut zurück. Die kommenden Tage war sie wütend und verzweifelt.

Was sie dann Frau Dr. A. L. zeigte, brachte die sonst so kühle und ruhige Frau aus der Fassung. Es war ein Artikel aus einer großen, überregionalen brasilianischen Zeitung. Auf den Bildseiten konnte man zerstörte Gebäude und verkohlte Leichen erkennen. Da A. L. kein Portugiesisch verstand, fasste Tamara den Inhalt in wenigen Sätzen zusammen. In der Klinik, in der sie operiert worden war, brach ein Feuer aus, das erst nach vielen Stunden gelöscht werden konnte. Alle im Gebäude anwesenden Ärzte und Pfleger seien dabei umgekommen. Zum Glück wären zum Zeitpunkt des Brandes keine Patienten im Gebäude gewesen. Die Ursache der Katastrophe sei noch unklar, die Polizei habe die Ermittlungen aufgenommen. Vermutlich sei der Brand durch einen technischen Defekt entstanden. Die vielen Toten seien aufgrund der Tatsache zu beklagen, dass zum einem die Löschanlagen und Sprinkler im ganzen Komplex nicht funktionierten und sich durch die automatischen Schließanlagen keine Fenster und Türen öffnen ließen. Die Menschen seien hilflos in den Räumen verbrannt und überwiegend bis zur Unkenntlichkeit verkohlt. Die Identifizierung der Toten dauere noch an.

A. L. wagte nicht, Tamara nach der Ursache des Brandes zu fragen. Sie kannte ihn. Dabei war es unerheblich, wie sie es technisch bewerkstelligt hatte. Das Mädchen hatte grausam Rache für die entstellenden Operationen geübt.

Als A. L. und ich in der Nacht telefonierten, war Tamara wieder abgereist. Meine Assistentin versuchte mir die Begegnung mit unserer Versuchsperson so präzise wie möglich zu schildern. Wir vereinbarten, uns am nächsten Tag im Institut zu treffen und das Ereignis zu analysieren.

Keine Frau, gleichgültig, wie schön sie in den Augen der Leute erscheint, ist mit ihrem Aussehen zufrieden. Schlanke Frauen halten sich für mollig, mollige Frauen halten sich für dick und dicke Frauen tragen Leggins. Tamara fühlte sich nun als hässliche und verunstaltete Hexe und das würde sich zweifellos auf ihr künftiges Verhalten auswirken.

Meine Assistentin war von der Begegnung mit Tamara völlig mitgenommen. Sie hatte noch nie einen so verzweifelten und verunsicherten Menschen erlebt. Das Mädchen hatte sich stundenlang bei ihr ausgeweint. Nun würde sie die Welt um sich herum hassen und am meisten sich selbst. A. L. hatte versucht, ihren Schützling zu trösten und sie emotionell zu stabilisieren. Bestimmt hätten sie die ganze Nacht zusammengesessen, wenn nicht der Fahrer und der Pilot in das Büro getreten wären, um zum Aufbruch zu drängen. Sie müssten jetzt starten, denn über dem Atlantik braue sich ein Unwetter zusammen.

A. L. erfuhr nicht, wohin die Reise gehen sollte. Tamara verabschiedete sich eilig.

Wir stimmten in der Beurteilung der Situation überein: Unsere Versuchsperson entwickelte sich zu einer Gefahr für sich und andere. War sie zum Opfer des Experimentes geworden und war damit zu rechnen, sie würde noch weitere Menschen töten, war noch Schlimmeres zu befürchten?

Da sich die beiden Frauen sowohl körperlich als auch emotionell sehr nahegekommen waren, wollte ich wissen, ob meine Assistentin wieder das Gefühl gehabt hatte, in Tamaras Gedanken vorgedrungen zu sein. Sie war sich nicht sicher. Einige Bilder waren ihr eigenartig vorgekommen, Eindrücke, die nicht aus ihrem Gedächtnis stammten, sondern wie plötzliche Geistesblitze in ihrem Kopf entstanden. Sie sah Tamara weinend auf dem Bett liegen, einen verängstigten Mann in einem riesengroßen Saal mit Blick aufs Meer, eine Frau, die unter eine U-Bahn gestoßen wurde und schreiende Menschen, die hinter verschlossenen Türen verbrannten. A. L. wollte nicht ausschließen, Sendungen aus dem Erinnerungsbereich von Tamaras Gehirn empfangen zu haben. Doch die Bilder schienen weder eindeutig noch bestimmten Situationen zuzuordnen.

Wir hielten es für erforderlich, Prof. Dr. Dr. M. und das ganze Projektteam vom Verhalten unserer Probandin zu informieren. Es dauerte ein paar Tage, bis alle zusammenkamen.

Frau Dr. A. L. berichtete den Anwesenden von ihren Begegnungen mit unserer Probandin und darüber, was sie von ihr erfahren hatte. Die Reaktionen waren gemischt. Meine Assistentin war als nüchterne und zuverlässige Wissenschaftlerin bekannt. Gleichwohl wurden ihre Schilderungen mit einer gewissen Skepsis aufgenommen. Vielleicht vermuteten die älteren Männer unter den Zuhörern dahinter eine gewisse weibliche Hysterie. Möglicherweise waren die Kollegen aber auch von der Leistungsfähigkeit der von ihnen entwickelten Systeme überrascht und das Ergebnis überstieg ihre Fantasie. Prof. Dr. B., der Informatikdekan, erkannte die Situation und die Ausmaße der drohenden Gefahren. Er warnte die Anwesenden ausdrücklich vor den Konsequenzen, die durch das Projekt auf die Hochschule und jeden Einzelnen der Beteiligten zukommen könnten. Nun breitete sich auch unter den Wissenschaftlern eine gewisse Angst aus. Manche forderten, man müsse sofort die Polizei informieren.

Prof. Dr. Dr. M., der wohl schon länger die Entwicklung unserer Versuchsperson richtig eingeschätzt hatte, behielt einen kühlen Kopf: „Die Polizei einschalten? Das ist wohl keine besonders sinnvolle Maßnahme. Soll ich hier in Z. zur Polizeiinspektion gehen und den Herren erzählen, wir haben einen Menschen mit einem Computer verbunden und dann die Kontrolle darüber verloren? Das ist doch nicht ihr Ernst!"

Der Projektleiter schlug vor, erst einmal informell und vertraulich Kontakt mit den Sicherheitsbehörden aufzunehmen, an möglichst hoher Stelle. Bestimmt würde es beim Bundeskriminalamt Experten geben, die das Experiment und die nun sichtbaren Folgen richtig einzuschätzen wüssten. Dieser Vorschlag fand allgemeine Zustimmung. Die Angelegenheit sollte jedoch mit größter Diskretion angegangen werden.

Mein Abitur habe ich am Gymnasium in Z. abgelegt, einer meiner Klassenkameraden war nach dem Studium zum BKA gegangen. Lange hatte ich nichts mehr von ihm gehört. Ich wusste nur, er war dort in eine wichtige Position aufgestiegen und müsste jetzt kurz vor seiner Pensionierung stehen. Diesen alten Bekannten, ich werde ihn hier F. nennen, wollte ich kontaktieren.

Am Telefon machte ich einige Andeutungen, um sein Interesse zu wecken. Weil er ohnehin einmal wieder seine Verwandten in Z. besuchen wollte, erklärte er sich zu einem Gespräch mit dem Team bereit.

Nach zwei Wochen versammelten wir uns wieder bei Prof. Dr. Dr. M. Mein Klassenkamerad war als Polizeidirektor beim BKA Leiter des Referates deliktsübergreifende OK und projektgebundene Auswertung. Inmitten der ganzen Professorenschar zeigte er nicht die geringste Scheu oder Befangenheit. Er war wichtig und musste sich nicht wichtigmachen. Ruhig und gelassen saß er im Sessel, unbeeindruckt von der wild schnatternden Schar um ihn herum. Er dachte wohl, Professoren hätten ein besonders ausgeprägtes Mitteilungsbedürfnis. M. bat die Kollegen um Ruhe und setzte dem Gast unser vermeintliches Problem auseinander. Die Angelegenheit schien ihm so wichtig, dass er sogar die wesentlichen Teile des Experimentes „Externe Intelligenz“ preisgab. F. hörte ruhig zu.

„Wenn ich richtig verstanden habe, dann haben Sie hier an der Universität einer Person ein Gerät ins Gehirn eingebaut, das sie drahtlos mit einem Computer verbindet. Diese Person ist dadurch in der Lage gewesen, bei einem Fernsehquiz einen hohen Geldbetrag zu gewinnen. Sie behaupten, die Frau mit dem Gehirneinbau hat einen Arzt zur Ehe gezwungen, der danach ins Irrenhaus kam und jetzt verschwunden ist. Dessen frühere Frau wurde nach Ihren Aussagen ermordet. Die gleiche Person hat angeblich durch Finanztransaktionen nennenswerte Geldbeträge erworben und ist für den totalen Stromausfall in Paris verantwortlich. Habe ich das richtig verstanden?"

Eifriges zustimmendes Nicken von allen Seiten.

Der Kriminaldirektor blieb aufreizend gelassen. Schon seit Längerem und aufgrund seiner Berufserfahrung war er davon überzeugt, dass gerade bei hochrangigen Wissenschaftlern Genie und Wahnsinn eng beieinanderliegen. Er ließ sich freilich nichts anmerken.

„Dann hat sich Ihre Versuchsperson nach eigenem Bekunden einer missglückten Schönheitsoperation unterzogen und ein komplettes Krankenhaus massakriert."

Er sah aufmerksam und ein wenig spöttisch lächelnd in die Runde: „Seid Ihr sicher, dass Ihr nichts Falsches geraucht habt?"

Prof. Dr. Dr. M. fühlte sich in seiner Ehre gekränkt: „Uns ist hier ein wissenschaftlicher Durchbruch gelungen, der seinesgleichen sucht. Noch niemals auf der Welt hat es einen Menschen mit derartigen intellektuellen Fähigkeiten gegeben. Wir haben die Dimension zu einem völlig neuen Menschenbild aufgestoßen."

„Und damit kommt Ihr jetzt zur Polizei? Gehen wir einmal davon aus, es ist Ihnen tatsächlich gelungen, ein menschliches Gehirn mit einem Computer zu koppeln, und nehmen wir auch einmal an, die junge Frau kann Wissen aus dem Internet abrufen. Dadurch kann noch lange kein Zusammenhang zwischen den von Ihnen geschilderten Ereignissen wie dem Stromausfall in Paris und einem unbewiesenen Brand irgendwo in Südamerika hergestellt werden. Das reicht nicht einmal für einen Anfangsverdacht. Jeder Staatsanwalt würde sich über Eure Geschichte totlachen."

Meine Kollegen saßen um den Polizeimann herum, wie kleine Kinder, denen der Lehrer gerade erklärt hatte, dass es den Drachen, den sie im Wald gesehen hatten, nur in ihrer Fantasie gibt. Vielleicht hatte F. dies sogar mit seinen Bemerkungen bezweckt. Es trat eine beklommene Stille ein. Der Projektleiter fand schnell zu seiner alten Würde und Bestimmtheit zurück: „Sehr geehrter Herr Kriminaldirektor, vielen Dank für Ihre fachmännische Einschätzung des Sachverhaltes." In seiner Stimme schwang ein gewisses

Maß an Ironie mit. „Ich habe Ihnen die näheren Umstände des Experimentes ohne Rücksicht auf die bislang wichtige Geheimhaltung offenbart. Wir alle halten es für unsere Pflicht, auf die daraus entstehenden und von uns keinesfalls beabsichtigten Konsequenzen hinzuweisen. Unserer Meinung nach stellt die bewusste Person eine Gefahr für die Allgemeinheit dar. Wir sahen uns daher gezwungen, die Sicherheitsbehörden eingehend zu informieren, damit gegebenenfalls entsprechende Maßnahmen zum Schutz der Öffentlichkeit getroffen werden können. Ich darf Sie, sehr geehrter Herr Kriminaldirektor, bitten, die Angelegenheit mit dem gebotenen Ernst zur Kenntnis zu nehmen und, sofern Sie es für erforderlich halten, auch weitere zuständige Stellen zu informieren. Mit der gebotenen Vertraulichkeit versteht sich. Wir unsererseits werden diese Unterredung protokollieren, um uns später nicht dem Vorwurf auszusetzen, wir hätten nicht rechtzeitig gewarnt."

Wenn diese Bemerkung von Prof. Dr. Dr. M. als Drohung gemeint war, so verfehlte sie völlig ihre Wirkung. Der Kriminalist saß breit im ledernen Sessel und sah die Anwesenden durch seine getönten Brillengläser an, während Prof Dr. B. ihm noch einen Kaffee einschenkte. Für ihn war die Unterredung zu Ende und seine Vorstellungen über die akademischen Eliten bestätigt worden. Die überbezahlten Herren der Universitäten hatten zweifellos mit einem absonderlichen Experiment Steuergelder verschwendet, Ergebnisse produziert, die ihnen unheimlich wurden und erwarteten jetzt wie üblich von den Praktikern, die Probleme zu lösen.

Der Kriminalist trank seinen Kaffee aus, bedankte sich bei Prof. B. mit einem kurzen Kopfnicken und verabschiedete sich mit den Worten: „Bitte lassen Sie mir eine Kopie des Gesprächsprotokolls zukommen. Wir werden einen Vorgang anlegen."

F. und ich verließen das Büro gemeinsam. Ich hatte ihn eingeladen, also musste ich mich auch um ihn kümmern. Auf der Treppe wandte er sich zu mir um. „Was ist denn das für eine komische Gesellschaft, in die Du da hineingeraten bist? Sind die alle übergeschnappt? Ein menschliches Gehirn drahtlos mit einem Computer verbinden, was für eine abgedrehte Idee. Hört sich an wie in einem schlechten Film."

„Einem Horrorfilm," ergänzte ich. „Es ist wirklich denkbar, dass da draußen gerade unsere Versuchsperson Amok läuft. Das kann noch richtig Ärger geben. Das BKA oder wer für solche Science-Fiction Probleme bei Euch zuständig ist, sollte es ernst nehmen."

F. dachte bestimmt, der Umgang mit den anderen Professoren hätte auf mich abgefärbt, doch in alter Verbundenheit versprach er mir, sich der Sache anzunehmen, damit ich beruhigt sei.

Die Tage vergingen und wurden zu Wochen. Das Projektteam traf sich nach der Begegnung mit dem Kriminalbeamten nicht mehr, oder ich wurde nicht dazu gebeten. Der Lehrbetrieb an der Universität wurde mit der gewohnten Routine aufgenommen, und ich widmete mich mit Frau Dr. A. L. meinem neuesten Projekt, dem „Gedankenlesen“.

Gemeinsam mit meiner Assistentin hatte ich dazu eine besondere Versuchsanordnung entwickelt. Sie bestand aus kleinen Karten, die jeweils einzeln mit Kreisen, Vierecken und Kreuzen markiert waren. Neun dieser Karten legte ich vor mich auf einen Tisch. Frau Dr. A. L. konnte die Karten nicht sehen, denn zwischen uns war eine Sichtblende aufgebaut. Ich konzentrierte mich nun abwechselnd auf eine Karte mit einem bestimmten Symbol, das ich intensiv betrachtete und meine Assistentin sollte erraten, welche Karte ich gerade ansah. Die statistische Wahrscheinlichkeit, richtig zu raten, war 33,3 Prozent.

Schon bei den ersten Versuchen konnte Frau Dr. A. L. über 50 Prozent richtig erraten. Also konnte das kein Zufall sein. Wir gingen dazu über, auch die jeweilige Lage der neun Karten zu bestimmen. Je mehr Übung meine Assistentin bei diesem Versuch bekam, desto höher wurde ihre Trefferquote. Zum Schluss konnte sie die Lage der Karten mit einer 80-prozentigen Sicherheit bestimmen und die einzelne Karte mit einer 90-prozentigen Trefferquote.

Wir konnten danach die Hypothese aufstellen, dass es uns möglich war, zwischen unseren elektromagnetischen Gehirnimpulsen eine Verbindung herzustellen. Das war zwar noch weit vom sogenannten „Gedankenlesen“ entfernt, aber bestätigte unsere Grundannahme.

Während wir uns auf unsere jeweiligen Gedanken konzentrierten, war es mir aufgefallen, dass Dr. A. L. eine deutlich höhere Trefferquote hatte als ich. Den Grund konnten wir uns bei diesem Experiment mit uns beiden nicht erklären. Lag es daran, dass sie als Empfänger geeigneter war als ich, oder ich als Sender stärker als sie?

Um endgültige Klarheit darüber zu gewinnen, hätten wir noch andere Versuchspersonen in die Testreihe einführen müssen, doch wir verzichteten darauf. Ein Experiment zum Thema „Gedankenlesen“ mit Studierenden an der Universität zu veranstalten, wäre wissenschaftlich sehr grenzwertig gewesen.

Meine Assistentin berichtete, bei den Versuchen hätte sie bisweilen die gleichen Eindrücke gehabt wie damals beim Gespräch mit Tamara nach der missglückten Operation: Bestimmte Bilder, die einfach im Kopf erschienen, wie Erinnerungen an einen Traum. Sie ging sogar noch weiter und behauptete, durch das Training mit meinen Gedanken sei sie sogar in der Lage, nicht nur die Symbole vorherzusagen, sondern sogar, welchen Eisbecher ich wählen würde, wenn wir zusammen im La Perla wären.

Das war für mich allerdings keine Bestätigung meiner Hypothese, denn ich bestellte immer den gleichen Eisbecher mit dem schönen Namen „Exclusiva". Dennoch nahm ich mir vor, meine Fantasie zu disziplinieren, wenn Frau Dr. A. L. in meiner Nähe war.

Tamara hatten wir nicht vergessen. Sie nahm keinen Kontakt zu uns auf und wir hofften schon, sie hätte sich psychisch stabilisiert.

Etwa drei Wochen nach seinem Besuch in Z. rief mich mein Klassenkamerad, der Polizeidirektor, an. Er habe die Angelegenheit nicht einfach als Spinnereien überdrehter Professoren zu den Akten gelegt, sondern in dieser Sache professionell recherchiert.

Tamara, unsere Versuchsperson, hatte sich in Paris offiziell angemeldet und dort eine feste Wohnadresse in einem Mietshaus in einer noblen Gegend. Auch ein gewisser Dr. UP. sei unter dieser Anschrift gemeldet. Die Luftfahrtgesellschaft, mit der beide den Flug in die USA unternommen hatten, bestätigte ihm, wie schon zuvor Prof. Dr. Dr. M., bei dem Zwischenfall habe es sich um einen einfachen technischen Defekt gehandelt, einen Fehler in der Steuerung des Autopiloten, der gründlich untersucht worden sei. Ein Fremdzugriff auf die Steuerungssoftware sei vollständig auszuschließen. Die Universitätsklinik in H. habe versichert, der Zusammenbruch der EDV sei auf eine Überspannung im Versorgungsnetz zurückzuführen. Was niemanden gewundert hätte, denn viel zu viele elektronischen Geräte wären zu dieser Zeit im Netzwerk angeschlossen gewesen. Das sei mittlerweile behoben, eine Wiederholung des Vorfalls nicht mehr möglich. Der Patient UP. sei ordnungsgemäß entlassen und in die Obhut seiner Familien und erfahrener Fachärzte übergeben worden.

Die zuständige Polizeidienststelle in S., die den Unfall der Ehefrau von UP. untersucht hat, hatte ihm Kopien der Akten überlassen, aus denen eindeutig hervorging, dass es sich um einen Selbstmord gehandelt habe.

Zu guter Letzt hatte der fleißige Kriminaldirektor wegen des Stromausfalls in Paris Kontakt mit der dortigen Polizei aufgenommen. Der Stromausfall wäre eindeutig ein terroristischer Anschlag extremistischer Gruppen gewesen. Zahlreiche Bekennerschreiben seien unmittelbar nach dem Vorfall bei den Behörden eingegangen.

Ich bedankte mich bei F. für seine Bemühungen und versprach, die Kollegen entsprechend zu informieren.

Beruhigt war ich trotzdem nicht. Mit großer Sorgfalt durchforstete ich die Zeitungen und die mir zugänglichen Online-Informationsdienste nach Ereignissen, die möglicherweise mit unserer Versuchsperson in Verbindung stehen könnten. Meine Assistentin meinte, ich sollte mich nicht verrückt machen und hinter jeder Katastrophe das Werk unserer Tamara vermuten, doch ich merkte, sie war genauso besorgt wie ich.

Mit vielsagendem Augenaufschlag legte sie mir eines Tages einen Zeitungsartikel vor, in dem ich las, dass in den USA ein Flugzeug mit 25 „Schönheitsköniginnen“ aus verschiedenen Ländern abgestürzt sei. Sie waren alle gemeinsam auf dem Weg zur großen Gala anlässlich der Wahl der „Miss World“.

Dann kam die Meldung, eine US-amerikanische Schauspielerin, die kurz zuvor in einer großen Zeitschrift als „schönste Frau der Welt“ beschrieben worden war, sei in ihrem Apartment in Los Angeles bis zur Unkenntlichkeit verbrannt, weil die Feuermelder ausgefallen und die Schließanlagen blockiert waren. Das kam Frau Dr. A. L. bekannt vor.

Ein grausames Säureattentat war auf einen bekannten weiblichen Filmstar verübt worden. Der Verbrecher konnte gefasst werden und hatte gestanden, von einer ihm unbekannten Auftraggeberin eine Million Dollar in bar für die Tat erhalten zu haben. Uns wurde bei dieser Meldung ganz mulmig. War vielleicht unsere Versuchsperson die Frau im Hintergrund und setzte sie jetzt nicht nur ihre „elektronischen Fähigkeiten“ ein, sondern auch ihren Reichtum?

Ein großer europäischer Staat stand kurz vor dem Staatsbankrott, weil die Anleger weltweit gegen dessen Währung gewettet hatten. Im Nahen Osten schoss „aufgrund eines Computerfehlers in der Zielerkennung“ ein amerikanisches Kriegsschiff ein persisches Flugzeug ab. Zwei russische U-Boote wurden entdeckt, als sie in flachen Gewässern vor der schwedischen Küste auf Grund liefen. Man vermutete eine bewusste militärische Provokation, obwohl beide Kapitäne beteuerten, sie wären nur wegen des Ausfalls des elektronischen Navigationssystems in fremdes Hoheitsgebiet eingedrungen. Genauso erging es zwei amerikanischen Piloten, die sich unversehens im chinesischen Luftraum wiederfanden und den Fehler erst entdeckten, als sie von Abfangjägern eskortiert wurden.

Waren das wirklich alles zufällige Störungen anfälliger Computersysteme oder steckte unsere Versuchsperson dahinter?

Ich zwang mich dazu, meine Beobachtung solcher Berichte zu relativeren. Als Verhaltensforscher ist mir das Phänomen der selektiven Wahrnehmung durchaus bekannt. Der Mensch nimmt das wahr, was er wahrnehmen will.

Um mich abzulenken, intensivierte ich meine Experimente mit Frau Dr. A. L. Sie behauptete, sie könne mittlerweile sehr deutlich Bilder und Gedankenblitze aus meinem Gehirn empfangen und sei in der Lage zu unterscheiden, was sie sich gerade gedacht hatte und was aus meinen Gedanken „auf sie übergesprungen“ war. Ich wollte die Möglichkeit nicht ausschließen, dass bei vielen Menschen diese Verbindung hergestellt werden kann, aber nicht wahrgenommen wird, weil die Menschen nicht darauf achten.

Ich versuchte immer wieder meine „Senderfähigkeit“ weiter zu entwickeln. Ein bemerkenswertes Ergebnis konnte ich erzielen, als einmal Frau Dr. A. L. in mein Büro kam. Es war heller Tag, und ich stellte mir vor, sie betätige den Schalter, um das Licht im Raum anzustellen. Ich kombinierte Gestik und Handbewegung in einem Gedankenbild. Zu meiner Überraschung tat sie genau das, was ich mir vorgenommen hatte. Sie griff zum Schalter und machte das Licht an, obwohl es gar nicht nötig gewesen wäre. Auf meine Frage hin, warum sie die Beleuchtung im hellen Zimmer eingeschaltet habe, antwortet sie, das sei wohl „in Gedanken“ gewesen.

Diesen Test wiederholte ich an anderen Tagen und bei verschiedenen Gelegenheiten mehrfach und konnte feststellen, wie gut die Verbindung zwischen meinen Gehirnimpulsen und denen meiner Assistentin funktionierte, ohne dass es eines verstärkenden Prozessors bedurft hätte. Als ich sie darauf aufmerksam machte, gestand sie mir, dass auch sie schon derartige Test mit mir durchgeführt habe, ohne dass ich es bemerkt hätte.

Wir dachten dabei an die Untersuchungen von Masters und Johnson in den USA, beschlossen aber, diese Erkenntnisse der Verhaltensforschung vorerst nicht wissenschaftlich zu überprüfen oder gar zu veröffentlichen.

Der Zugriff

Es war keineswegs so, als ob wir über unseren Versuchen zum Gedankenlesen und während des normalen Vorlesungsbetriebes das Experiment „Externe Intelligenz“ vergessen hätten. Es war allzeit präsent, und ich durchforstete immer noch die Nachrichten auf mögliche Hinweise zu unserer Versuchsperson.

Trotz alledem erstaunte mich ein Anruf meines Schulkameraden F. vom BKA, der mich dringend um einen möglichst kurzfristigen Termin bei Prof. Dr. Dr. M. bat. Es ginge um unser Experiment. Er würde noch einige Herren mitbringen. Er machte verschiedene Andeutungen, die ich nicht verstand. Diesmal war er es, der sich strengste Vertraulichkeit und Geheimhaltung erbat.

Bereits drei Tage später saßen wir wieder am langen Tisch im Büro des Projektleiters. Von unserer Seite waren wir nur zu dritt, Prof. Dr. Dr. M., der Dekan der Informatik, Prof. Dr. B. und ich. Der Kriminaldirektor hatte zwei Herren mitgebracht und bat schon bei der Begrüßung darum, das heutige Gespräch auf Englisch zu führen, denn die Personen in seiner Begleitung seien US-Amerikaner.

Ganz entgegen sonst üblicher Gepflogenheiten, stellten sich diese beiden Amerikaner nicht namentlich vor und überreichten auch keine Visitenkarten, nahmen jedoch die unseren bereitwillig entgegen.

Ohne sich mit langwierigen Vorreden aufzuhalten, kamen die drei schnell zum Punkt. Schon seit längerer Zeit sei es der National Security Agency, kurz NSA genannt, aufgefallen, dass es bei der elektronischen Kommunikation zu „Auffälligkeiten" gekommen sei. Die Häufung des Ausfalls von digitalen Steuerungssystemen, das Eindringen von Schadsoftware in sensible Netzwerke und andere Zwischenfälle im Computerbereich seien als nicht mehr zufällig „klassifiziert" worden. Zunächst habe man dahinter feindliche Geheimdienste vermutet und die Sicherheitsvorkehrungen entsprechend angepasst. Weil in der Zwischenzeit allerdings gesicherte Informationen vorlägen, dass die „Gegenseite" vergleichbaren Problemen ausgesetzt sei, gehe man nicht mehr von einem politischen, sondern von einem kriminellen Hintergrund aus. Da mit der NSA im Rahmen einer Intelligence Community sämtliche Geheimdienste der USA kooperieren und auch enge Kontakte zu ausländischen Diensten bestehen, sei eine Task Force ins Leben gerufen worden, um Licht in diese Angelegenheit zu bringen.

Die NSA verfüge selbstverständlich über die ausgefeiltesten technischen Möglichkeiten und die besten Experten auf diesem Gebiet und so sei man in der Lage, das vermutete kriminelle Netzwerk einzugrenzen.

Beim Hinweis auf die eigenen Experten lächelte Prof. Dr. M. M. etwas säuerlich, Prof. Dr. B. zeigte keine Regung. Mir kam allmählich der Verdacht, worauf das Ganze hinauslief.

Die beiden NSA-Männer fuhren fort, im Zuge der internationalen Zusammenarbeit wären auch Interpol und das deutsche BKA informiert worden, dort besonders das Referat für Organisierte Kriminalität. Daher sei auch Kriminaldirektor F. hinzugezogen worden.

Obwohl sich das kriminelle Netzwerk alle Mühe gegeben habe, sein Eindringen in fremde Computernetze zu verschleiern, würden doch gewisse Spuren sichtbar, die auf den Ursprung der Angriffe hinweisen: Offensichtlich steht im Mittelpunkt des Netzwerkes kein Supercomputer, wie anfänglich vermutet, sondern eine Sendeeinheit, die völlig losgelöst von einer nachverfolgbaren Hardware operiert. Nachdem die Taskforce den Begriff des „Super Brain" gewählt hatte, war vom BKA der Vorschlag zu einem Gespräch an dieser Universität gekommen.

Nun erkannte ich, dass mein Klassenkamerad die Angelegenheit ernster genommen hatte, als wir dachten.

Wie auf ein Stichwort hin schaltete sich F. in das Gespräch ein: „Ich habe den Kollegen vom

Experiment „Externe Intelligenz" berichtet, soweit ich es überblicken konnte. Es ist nicht auszuschließen, dass es sich bei dem genannten „Super Brain" um die Versuchsperson dieses Experimentes handelt. Ich bitte Sie daher, uns alle mit dem Experiment zusammenhängenden Berichte und Dokumentationen auszuhändigen."

Prof. Dr. Dr. M. erhob sofort Protest: „Es handelt sich dabei um ein höchst vertrauliches universitätsinternes Projekt, das mit öffentlichen Mitteln gefördert wurde. Ich bin nicht gewillt und befugt, darüber irgendwelche Unterlagen herauszugeben."

F. blieb ganz ruhig: „Damit habe ich gerechnet." Er öffnete seine alte Ledermappe und reichte dem Projektleiter einige Papiere: „Hier ist die Beschlagnahmeverfügung des Generalbundesanwaltes. Ein Schreiben des Innenministers, das alle am Projekt Beteiligten zu strengster Verschwiegenheit verpflichtet und eine Verfügung, die Sie auffordert, allen Anweisungen des BKA in dieser Angelegenheit unverzüglich Folge zu leisten. Ich bitte Sie also, uns in den nächsten zwei Stunden alle gewünschten Materialien auszuhändigen. Ich möchte in Ihrem Interesse eine Durchsuchung der Universität und der Institute vermeiden, denn sonst müsste ich den Universitätspräsidenten und das für Sie zuständige Landesministerium einschalten. Eine derartig auffällige Aktion kann sicherlich nicht in Ihrem Interesse sein."

M. überflog rasch die ihm vorgelegten Dokumente und telefonierte sofort mit den einzelnen am Experiment beteiligten Kollegen. Tatsächlich waren innerhalb der vorgegebenen Frist alle Unterlagen in seinem Büro. Die gesammelten Pakete wurden noch durch mehrere elektronische Datenträger und den zusammenfassenden Projektbericht aus seinem Safe ergänzt.

Ich konnte sehen, wie der Projektleiter ins Schwitzen kam und sich seine Gesichtsfarbe fortwährend von leichenblass zu blutrot änderte.

Unten auf dem Parkplatz standen einige diskrete Lieferwagen und ebenso unauffällige Beamte, die in mehreren Transportkisten die beschlagnahmten Materialien verluden. Die Studenten bekamen von all dem nichts mit.

Nach diesem Besuch war das komplette Projektteam wie gelähmt. Jeder meiner Kollegen hatte Angst, nun ins Visier der Strafverfolgungsbehörden geraten zu sein, und manch einer sah sich nicht mehr auf seinem Lehrstuhl, sondern in einer Gefängniszelle.

Das Experiment war in eine neue Phase getreten und endgültig außerhalb unserer Steuerungsmöglichkeiten.

Was dann geschah, konnte ich mir nur aus teilweise widersprüchlichen Zeitungsmeldungen und einem Telefonat mit Kriminaldirektor F. zusammenreimen.

Die Ereignisse waren so spektakulär, dass F. glaubte, mir die Hintergründe schildern zu müssen. Zumindest so weit es ihm die Geheimhaltung erlaubte, denn er erhoffte sich von mir weitere Hinweise.

Der NSA war es gelungen, den Aufenthaltsorts des „Super Brain“ ausfindig zu machen. Irgendwo an der französischen Atlantikküste sollte der Schlupfwinkel sein. Ein Bauernhof weit ab vom nächsten Dorf. Interpol war eingeschaltet worden, und die französische Polizei observierte vor dem Zugriff tagelang das Gehöft. Mit allerlei technischen Raffinessen wurden die Bewohner ausgespäht, und als man sicher war, die Zielperson sei im Haus, stürmten die Spezialeinheiten das Gelände, das von einem hohen Zaun umgeben war.

Wie von den Experten der OK vermutet, leisteten die Bewohner heftigsten Widerstand, auch mit automatischen Waffen.

Etwa zwei Duzend Kriminelle hatten sich dort verschanzt und es kam zu einem blutigen Feuergefecht. Die Angreifer sahen sich einer regelrechten Privatarmee gegenüber, die niedergekämpft werden musste. Die Polizei setzte sogar gepanzerte Fahrzeuge und Hubschrauber ein.

Auf dem Höhepunkt der Auseinandersetzung ereignete sich allerdings etwas sehr Sonderbares. Auf einen am Rande des Geschehens abgestellten Polizeihubschrauber lief eine junge Frau zu. Die Polizisten vermuteten, es handele sich um eine Nachbarin, die vom Schusswechsel aufgeschreckt, Schutz bei den Beamten suche. Sie flüchtete sich in das Innere des Helikopters und mit einem gekonnten Judogriff beförderte sie den Piloten, der als einziger noch in der Maschine war, ins Freie. Mit wenigen Handgriffen startete sie den Hubschrauber und flog davon.

Die umstehenden Polizeibeamten lösten sofort Alarm und eine Fahndung aus, mussten allerdings schnell feststellen, dass das Kommunikationsnetz der Polizei im gesamten Departement ausgefallen war. Sogar die militärischen Radaranlagen blieben blind.

Am Ende der Razzia waren vier Polizisten getötet worden und mehr als zehn teilweise schwer verletzt. Von der kriminellen Bande blieben nur drei Gangster am Leben. Sie gaben an, sie seien von einer ihnen unbekannten Organisation als „Söldner“ mit großen Geldbeträgen angeworben worden. Ihre wahren Auftraggeber kannten sie angeblich nicht.

Auf einem Tisch im gestürmten Gebäude entdeckte die Polizei einen Zettel mit einem handgeschriebenen Text in deutscher Sprache. Darauf war zu lesen: „Natürlich habe ich Euch hier erwartet. Ich wollte euch nur zeigen, dass ihr zu dumm seid, mich zu fangen. Niemand kann es mit mir aufnehmen.“

Selbstverständlich wurde das Schreiben von den Experten der Geheimdienste auf Fingerabdrücke und DNA-Spuren untersucht. Ohne Ergebnis. F. schickte mir per Mail eine Kopie. Wir erkannten die Schrift sofort. Sie stammte von unserer Tamara.

Irgendwann kam Frau Dr. A. L. in mein Büro und setzte sich auf den Stuhl mir gegenüber: „Sie denken jetzt daran, was als Nächstes passieren wird. Sie sehen in Ihrer Fantasie, wie gerade die Atomraketen in den Silos der Amerikaner und der Russen startklar gemacht werden. Sie sehen Atompilze über den Städten und U-Boote, von denen Raketen abgeschossen werden."

Ich war erstaunt, denn daran hatte ich wirklich in diesem Moment gedacht. Meine Assistentin lächelte mich an: „Durch unsere Übungen wird meine Fähigkeit zum Gedankenlesen immer besser. Gestern war ich mit dem Assistenten von Prof. Kb zum Essen in der Mensa. Schon bevor er sich ein Tablett griff, wusste ich, was er essen wollte. Dann saßen wir uns gegenüber und ich entdeckte mehrere unschickliche, mich betreffende Bilder in seinem Kopf. Als ich ihn darauf ansprach, wurde er feuerrot und meinte, das läge bestimmt an meinem besonders raffinierten Make-up."

Sie hatte ihre Sensibilität für elektromagnetische Gehirnwellen immer mehr gesteigert und fast beängstigende Fähigkeiten entwickelt. Wenn die seriöse Wissenschaft dieses Phänomen nicht in die finsteren Kammern des Okkultismus und der Esoterik verbannt hätte, würde sich für den Verhaltensforscher eine ungeahnte Erkenntniswelt auftun. Doch gerade an unserem Experiment mit der „Externen Intelligenz“ war deutlich geworden, was alles geschehen kann, wenn der Forschergeist in Regionen vordringt, die besser unentdeckt bleiben sollten.

Das Tagebuch

Während ich dies niederschreibe, liegt das rote Notizbuch von Dr. A. L. vor mir. Die Formulierungen, die ich darin lesen konnte, entstanden in einer hoch dramatischen Zeit und während der neuerlichen Begegnung mit Tamara. Diese Ereignisse kenne ich nur aus den Aufzeichnungen, die meine Assistentin, in der Hoffnung, ich könnte irgendwann nachlesen, was ihr widerfahren ist, in einem Tagebuch festhielt. Auf ihre Fähigkeiten zur „Gedankenübertragung“ wollte sie sich angesichts der großen Distanz nicht verlassen.

Wir hatten uns lange überlegt, wie Dr. A. L. auf die neueste Einladung Tamaras reagieren sollte, die etwa zwei Wochen nach der Razzia in Frankreich auf ihrem Handy erschien. Es waren nur ganz wenige Worte, doch diese klangen umso dramatischer: „Komme schnell, meine einzige Freundin. Ich brauche Dich.“ Der Nachricht beigefügt war der Code einer digitalen Zugkarte erster Klasse von H. nach Paris.

Was hatte das zu bedeuten? Es erschien mir unvorstellbar, dass unsere Versuchsperson, die jetzt als „Super Brain“ verfolgt wurde, einfach ihren Unterschlupf preisgeben und sich mit meiner Assistentin treffen wollte. Wie wollte sie die Zusammenkunft organisieren und was bezweckte sie damit?

Es bedurfte keiner besonderen paranormalen Fähigkeiten von Dr. A. L., um zu wissen, wie skeptisch ich war und welche Bedenken ich hegte. Sicher konnte sie in meinen Gedanken lesen, dass ich Angst um sie hatte. Ich brauchte ihr meine Sorgen gar nicht mitzuteilen, sie erkannte sehr wohl, das Risiko das damit für sie verbunden war.

Ich weiß nicht, ob es Forscherdrang, weibliche Neugier oder einfach das Gefühl war, sich um Tamara kümmern zu müssen, das sie veranlasste, die Gefahr auf sich zu nehmen. Sie kannte das Schicksal von UP., hatte die beinahe Katastrophe auf dem Eiffelturm erlebt und war über den Polizeieinsatz in Frankreich informiert. Sie wusste, worauf sie sich einließ. Ich konnte sie nicht zurückhalten.

Mit dem Auto brachte ich meine Assistentin zum Bahnhof nach H. Sie hatte nur wenig Gepäck dabei. Sie versprach, gleich nach der Begegnung mit Tamara wieder zurückzukommen. Ich sollte mir keine Sorgen machen. Als ich mit ihr auf dem Bahnsteig stand, stellte ich mir in meiner Fantasie eine Gruppe verwegener Kämpfer mit mir an der Spitze vor, die gerade A. L. aus einem finsteren Verlies befreit. Sie sah mich an und lachte:

„Ich hoffe, das wird nicht nötig sein." Dann bestieg sie den Zug nach Paris. Die mentale Verbindung bestand also noch.

Auszug aus den Notizen von Frau Dr. A. L.
Datum xx. xx. xxxx (?)

Pünktlich angekommen am Bahnhof Paris-Est. Eine mir unbekannte alte Frau fragt mich nach meinem Namen. Ich gebe mich zu erkennen. Da drückt sie mir einen Zettel in die Hand. Als ich die Schrift lesen will, spüre ich einen kurzen Schmerz im Oberarm. Eindeutig eine Injektion. Ich verliere das Bewusstsein. Als ich wieder zu mir komme, weiß ich nicht, wie viel Zeit vergangen ist. Meine Uhr habe ich nicht mehr am Handgelenk. Mein Handy ist verschwunden. Mir ist schlecht und ich habe Schmerzen. Ich schlafe wieder ein. Als ich aufwache, ist es Nacht. Ich versuche mich zu orientieren. Ich liege auf einem breiten Bett in einem Raum, dessen Ausmaße ich nicht abschätzen kann. Zum Aufstehen bin ich zu schwach.

Datum xx. xx. xxxxx.(?)

Der Raum wird von einem großen Fenster beleuchtet. Ich habe andere Kleider an als bei meiner Abreise: Ein langes weißes Gewand im orientalischen Stil. Neben dem Bett steht meine Reisetasche. Uhr und Handy fehlen. Aber mein Notizbuch mit Stift ist noch da. Ich beginne die Aufzeichnungen. Ich habe Hunger und brennenden Durst. Im

Raum steht eine große Schale mit Obst. Viele exotische Früchte und eine Karaffe mit kühlem Wasser. Ich stürze mich darüber.

Allmählich orientiere ich mich im Raum. Eine doppelflügelige Tür ist abgeschlossen. Das große Fenster nimmt die ganze Längsseite des Raumes ein. Dahinter sehe ich eine endlose Savannenlandschaft, die sich bis zum Horizont erstreckt. Ich vermute, ich bin irgendwo in Afrika. Der Raum, in dem ich gefangen bin, ist angenehm klimatisiert.

Datum xx.xx.xxxx

Schon am frühen Morgen kommt Tamara in den Raum. Sie ist ganz gelöst und begrüßt mich freundlich und mit Umarmung. Sie sagt, sie sei so unbeschreiblich glücklich, dass ich jetzt bei ihr bin. Sie entschuldigt sich für die Unannehmlichkeiten meiner Anreise. Ich müsste doch verstehen, dass sie nach der „Geschichte in Frankreich" jetzt gewisse Vorsichtsmaßnahmen treffen musste. Von ihr erfahre ich auch das genaue Datum und die Uhrzeit. Seit meiner Abreise in Z. sind vier Tage vergangen. Sie gibt mir meine Uhr wieder.

Tamara setzt sich mit mir auf das große weiße Sofa im Raum. Die Worte sprudeln nur so aus ihr heraus. Sie trägt ebenfalls ein bodenlanges Kleid im orientalischen Stil aus einem schweren, dunkelgrünen Stoff, der mit zahlreichen Goldfäden durchwirkt ist. Als sie den Raum betrat, trug sie einen dünnen Gesichtsschleier, den sie abnahm, als sie sich zu mir setzte.

Sie wollte mir gleich ihren „Palast" zeigen, aber zuvor noch von sich erzählen. Ich bemerke an ihr ein fast unnatürliches Mitteilungsbedürfnis. Vermutlich hat sie niemanden in ihrer Umgebung, mit dem sie reden kann. Ich glaube eine emotionale Deprivation zu erkennen. Im Gespräch sucht Tamara meine körperliche Nähe und wiederholt immer wieder, wie glücklich es sie macht, dass ihre „beste Freundin" nun an ihrer Seite ist.

Über meinen Aufenthaltsort erfahre ich Folgendes: Bei dem „Palast" handelt es sich um ein wahrhaft riesenhaftes Gebäude, das sich vor über 20 Jahren der mittlerweile gestürzte Diktator von M. erbauen ließ. Wenige Kilometer nördlich beginnt die Sahara. Das Land ist politisch unruhig. Hier im Norden hat sich ein Putschgeneral mit einer eigenen Armee etabliert und einen separaten Staat ausgerufen, der international nicht anerkannt ist.

Ich entnehme den Schilderungen Tamaras einen gewissen Stolz, dass dieser „Staat" ihr Werk ist. Sie hat die Putschisten mit Geld unterstützt, zahlt die Armee des Landes, die jetzt praktisch ihre Privatarmee ist und hält mit ihren Milliarden das Separatistengebiet am Leben. Der sogenannte Präsident weiß, was er ihr zu verdanken hat, und dass er erledigt ist, wenn sie ihre schützende Hand von ihm zieht. Die Kommunikation mit der Regierung läuft ausschließlich elektronisch und es ist nicht einmal bekannt, dass sie eine Frau ist. Die Minister nennen sie nur „Guide de Dieu".

Tamara unterbricht ihren Redefluss und führt mich in einen angrenzenden Raum, ebenfalls mit einem großen Fenster mit Blick auf die Landschaft. Die Etage, in der wir uns befinden, muss etwa 25 bis 30 Meter über dem Erdboden sein. Der Raum ist ausladend und bunt mit allerlei orientalischem Kitsch dekoriert. Ich vermute, so stellt sich Tamara die Gemächer einer Prinzessin aus „Tausend und einer Nacht" vor. Eine lange Tafel ist aufgebaut, und ohne dass sie ein sichtbares Zeichen geben muss, treten aus einer Seitentür drei schwarze Diener in weißen Fantasieuniformen ein, die das Essen servieren.

Sie lächelt mir zu und klärt mich auf: „Die drei sind meine Diener und Leibwächter. Sie sind alle stumm. Man hat ihnen mit einer scharfen Zange die Zunge herausgeschnitten. Du musst auch keine Angst haben, dass einer von ihnen Dir etwas getan hat, solange Du bewusstlos warst. Ihnen fehlt nicht nur die Zunge."

Datum xx.xx.xxxx. Palast in Azawad Tag fünf nach meiner Ankunft.

Ich schreibe nur in mein Notizbuch, wenn ich allein bin. Ich versuche in Tamaras Gedanken einzudringen, sooft sie in meiner Nähe ist. Darüber schreibe ich hier nichts nieder. Nachdem ich den Ausdruck Azawad bemerkt habe, konzentriere ich mich auf diesen Namen. Vielleicht kommt er auf dem Weg meines Volkes beim Empfänger an. Ich habe Angst.

Gestern führte mich meine Gastgeberin durch ihren Palast. Mein Eindruck verstärkte sich, hier hat sich ein kleines Mädchen ein Märchenschloss eingerichtet. Dazu im Widerspruch ist das festungsartige Äußere der Anlage. Das Gebäude scheint von einer mindestens vier Meter hohen, weißen Mauer mit Stacheldraht umgeben zu sein. Etwa 50 Meter davor ist ein ebenso hoher Metallzaun. Ob davor noch weitere Sicherheitszonen sind, kann ich nicht feststellen. Zwischen der Mauer und dem Zaun erkenne ich mehrere Baracken und Zelte. Darin scheinen ein paar hundert Soldaten zu hausen, offensichtlich Araber. Sie haben moderne Jeeps mit Maschinengewehren und Granatwerfern. Am Tor vor der weißen Mauer stehen schwerbewaffnete Posten. Im Innenhof sind mehrere Hubschrauber-Landeplätze.

Tamara zeigt mir voll Stolz „ihren Hubschrauber" und bemerkt, er sei wesentlich moderner und schneller als der französische Polizeihubschrauber. „Du hast bestimmt mitbekommen, wie geschickt ich einen Helikopter fliegen kann. Das verdanke ich der KI. Sie wird immer besser."

Beim Rundgang wurden mir auch große Säle gezeigt, die teilweise wie Operationsräume und teilweise wie große Computeranlagen mit Serverstationen aussahen. Menschen konnte ich darin nicht erkennen. Tamara eröffnete mir ihre Pläne:

Sobald ihr Ehemann wieder einigermaßen hergestellt sei, würde sie hier mit ihrem Geld und Experten aus der ganzen Welt das Experiment „Externe Intelligenz" weiterentwickeln und zur endgültigen Revolution des menschlichen Geistes werden lassen. Mir wird klar, dass unsere Versuchsperson allmählich die Maslowsche Stufe der Selbstverwirklichung verlässt und in die Stufe der Transzendenz hinübergleitet. Sie will sein wie Gott oder besser gesagt, wie eine Göttin.

Am Nachmittag, es war draußen schon sehr heiß, kamen wir in einen großen Raum, dessen breite Türen auf einen geräumigen Innenhof führten, der einen Teich umgab und mit Palmen und exotischen Pflanzen wie eine Oase angelegt war. Die Rufe der Pfaue, die hier ihr Rad schlugen, hatte ich schon von Weitem gehört.

Bevor wir ins Freie traten, rief Tamara den Vornamen von Dr. UP. Erst jetzt entdeckte ich die Gestalt, die in einem langen weißen Gewand auf mehreren Polstern in einer Ecke des Raumes kauerte. Die Person bewegte sich und kroch fast wie ein Hund auf Tamara zu, richtete sich an ihr auf. Als UP. sie erreicht hatte, wurde er zärtlich gestreichelt. „Du kennst doch meinen Ehemann noch?"

Datum xx.xx.xxxx. Palast in Azawad, Tag sechs nach meiner Ankunft.

Die Abende verbringe ich bis zum frühen Morgen mit Tamara. Sie hat immer noch ein beängs-

tigendes Mitteilungsbedürfnis. Meist sitzen wir noch zusammen, wenn die Sonne aufgeht. Ich bin müde, aber sie scheint keinen Schlaf zu brauchen. Den Vormittag habe ich für mich. In den meisten Räumen darf ich mich frei bewegen. Ich kann nicht ausschließen, dass, wie am Haupttor, in den Zimmern versteckte Kameras angebracht sind, die unserer VP mithilfe ihrer KI jederzeit Auskunft darüber geben, wo ich mich gerade aufhalte.

Bei unseren nächtlichen Gesprächen ruft sie UP. zu sich. Er kommt wie ein braver Hund. Er redet kaum, nur manchmal sind gurrende Laute von ihm zu vernehmen, die offensichtlich Liebesbezeugungen seien sollen. Er wird dann zärtlich, auch an intimen Stellen gegrault, was ihm sichtlich Wohlbehagen verursacht. Sie versichert mir ungefragt, wie gut es ihr Ehemann versteht, ihren „Hormonhaushalt" zu regulieren.

Datum xx.xx.xxxx. Palast in Azawad, Tag sieben nach meiner Ankunft.

Außer unserer VP, Dr. UP. und den drei schwarzen Dienern muss es neben den Soldaten vor dem Tor noch mehr Personen in diesem Palast geben. Auch wenn vieles hier digital und mit Tamaras KI automatisch gesteuert werden kann, müssen sich Leute um das Gebäude kümmern, um die Reinigung, die Küche und die Versorgung mit Wasser und Strom. Ich beschließe, meine „Gastgeberin" danach zu fragen. Sie bleibt den ganzen Tag ver-

schwunden. Ich sehe sie erst wieder am späten Abend zu unseren nächtlichen Gesprächen.

Datum xx.xx.xxxx. Palast in Azawad, Tag acht nach meiner Ankunft.

Seit ich hier bin, sitze ich jede Nacht mit Tamara zusammen, wie schauen auf die nächtliche Landschaft vor den großen Fenstern und betrachten das strahlende Funkeln der Sterne. Ich bemerke, wie ich allmählich mein Zeitgefühl verliere.

Wie ich es mir vorgenommen habe, frage ich nach den weiteren Personen im Haushalt. Sie gibt bereitwillig Auskunft. Es seien etwa fünfzig Personen aus verschiedenen Ländern hier. Putzkräfte aus der Umgebung, schlichte Gemüter, die keine Fragen stellen und weder lesen noch schreiben können. Daneben ein paar sehr gute Köche, meistens aus Frankreich, ein paar Informatiker und gute Ärzte, die sich um UP. kümmern und ihn mit Medikamenten versorgen. Keiner dieser Personen bekommt sie jemals zu Gesicht. Die Kommunikation erfolgt ausschließlich elektronisch. Alle vierzehn Tage wird die Hälfte des Personals ausgetauscht, damit keiner zu neugierig wird. Die Menschen werden dann mit den Hubschraubern zum nächsten größeren Flugplatz gebracht und von dort mit Privatmaschinen in ihre Heimat zurückverfrachtet. Sie werden fürstlich entlohnt und denken, sie wären kurzfristig in den Diensten eines afrikanischen Despoten gewesen.

Ich will auch wissen, was Tamara den ganzen Tag über macht, denn ich begegne ihr eigentlich nur zu unseren nächtlichen Gesprächen. Sie meint, sie würde arbeiten. Den Vormittag „meditiere“ sie in Gedanken versunken, um der KI in ihrem Gehirn die Möglichkeit zu geben, sich weiter zu entfalten. Sie spüre allmählich, wie sich ihr Bewusstsein immer mehr erweitere. Sie sehe Dinge, die sie nicht für möglich gehalten hätte. Die KI verhelfe ihr dazu, immer mehr zur Göttin zu werden. Ihre sonstige Arbeit dürfte sie auch nicht vernachlässigen. Sie bewege vieles auf der Welt, das noch verborgen sei. Zum Schlafen käme sie kaum noch.

Datum xx.xx.xxxx. Palast in Azawad, Tag neun nach meiner Ankunft.

Heute war Tamara den ganzen Tag nicht im Haus. Ich vermute, schon in Morgengrauen, nach unseren nächtlichen Gesprächen, hat sie die Anlage verlassen. Der Hubschrauber war deutlich zu hören. Bei meinen einsamen Rundgängen durch den Palast komme ich auch wieder zu der sogenannten Oase. Dort war ich schon ein paar Mal an den Vortagen, um zu schwimmen. Nirgend sehe ich einen Menschen. Auch UP. ist unauffindbar, zumindest in den Räumen, die mir zugänglich sind. Allmählich wird die ganze Situation für mich zum Albtraum. Ich beschließe Tamara zu fragen, wie lange sie mich noch in ihrem Palast „gefangenhalten“ will.

Datum xx.xx.xxxx. Palast in Azawad, Tag zehn nach meiner Ankunft.

Wieder langes nächtliches Gespräch. Ich frage Tamara ganz offen, wann ich wieder nach Hause darf. Schließlich habe ich einen Mann und einen Beruf an der Uni. Sie will wissen, ob ich in ihrer Gegenwart nicht glücklich sei. Es würde mir doch an nichts fehlen und sie braucht meine Anwesenheit gegen ihre Einsamkeit. Nur durch meine Gegenwart könne sie sich weiterentwickeln. Sie fragt, ob ich mich langweile. Als ich das bejahe, will sie mir ein kleines Häschen zum Spielen schenken, oder wenn ich möchte, einen kräftigen Mann kommen lassen, der mit mir ins Bett geht, wenn ich das brauche. Ich weise diese Angebote zurück. Tamara wirkt traurig, aber nicht bösartig. Sie tut mir leid. Schließlich erzählt sie mir, sie würde regelmäßig nach Paris fliegen. Dort habe sie zwei berühmte Künstler für viel Geld engagiert. Der eine solle sie in Öl malen, der andere eine Bronzeskulptur von ihr anfertigen. Die beiden kennen ihre wahre Identität nicht. Sie wird für die Frau eines reichen russischen Oligarchen gehalten. Sie schlägt mir vor, sie das nächste Mal nach Paris zu begleiten. Dort könnten wir auch einmal wieder zusammen einkaufen. Ich sage ihr, dass mich das freuen würde, doch ich hätte keine Lust, wieder mit einer Injektion betäubt zu werden. Tamara lachte darüber.

Datum xx.xx.xxxx. Palast in Azawad, Tag elf nach meiner Ankunft.

Heute den ganzen Tag kein Kontakt mit unserer VP. Die Mahlzeiten werden wie üblich stumm von den schwarzen Dienern serviert. Bei einem Rundgang entdecke ich in einer Ecke Dr. UP. Ich spreche ihn an. Er flieht erschreckt unter ein Sofa und gibt dort wimmernde Laute von sich. Ich verlasse den Raum.

Datum xx.xx.xxxx. Palast in Azawad Tag, zwölf nach meiner Ankunft.

Den ganzen Tag heftiger Betrieb auf dem Hubschrauberlandeplatz. Ich kann nicht erkennen, was dort vor sich geht. Vielleicht wird ein Teil des Personals ausgetauscht. Ich habe sogar etwas wie Sehnsucht nach Tamara, damit ich mich wenigstens wieder mit einem Menschen unterhalten kann. Nun ahne ich, was in unserer VP wirklich vor sich geht.

Langes Nachtgespräch mit Tamara. Sie erzählt von den Kunstwerken, die gerade entstehen. Das Ölgemälde soll auf keinen Fall ihre Entstellungen zeigen, sondern eine wunderschöne Frau. Aber ähnlich soll es werden. Das Gleiche gilt für die Bronzestatue. Ich habe Angst um die Künstler und hoffe, sie arbeiten nicht allzu realistisch. Tamara schwärmt davon, die Statue soll das Muster für die künftigen Abbilder der Göttin in den Tempeln auf der ganzen Welt sein.

Gegen Morgen lässt sie sich von einem der Diener UP. bringen. Der trägt eine vergoldete Hundeleine und freut sich sichtlich beim Anblick Tamaras. Sie zieht sich mit ihm zurück.

Datum xx.xx.xxxx. Palast in Azawad, Tag dreizehn nach meiner Ankunft.

Heute ein langes Nachtgespräch mit Tamara. Sie verspricht mir, mich in den nächsten Tagen nach Paris mitzunehmen. Ohne Injektion. Dann öffnet sie sich in ganz ungewohnter Weise. Sie sagt, sie sei dazu bestimmt, diese Welt vor dem Untergang zu bewahren. Durch ihre überragende Intelligenz habe sie erkannt, wodurch die Hauptprobleme der Menschheit in unserer Zeit hervorgerufen werden. Die Umweltzerstörung sei schon so weit, dass sie kaum mehr umkehrbar sei. Wenn sie nicht sofort handele, dann sei dieser Planet und die gesamte Menschheit unrettbar dem Untergang geweiht. Die natürlichen Ressourcen wie Wasser, Gas und Öl reichen nur noch kurze Zeit. Auf Milliarden Menschen warte der Hungertod, weil bald die Nahrung nicht mehr für alle ausreicht. Zuerst kommt es in den ärmsten Ländern zur Katastrophe, dann setzten weltweit die Verteilungskämpfe ein, Kriege und Revolutionen, begleitet von einer Völkerwanderung unbeschreiblichen Ausmaßes.

Es gäbe nur einen Weg, auf dem die Menschheit wenigstens als Spezies überleben könnte. Die Anzahl der Menschen müsse wieder auf ein Maß re-

duziert werden, bei dem die natürlichen Ressourcen für die dann übrig gebliebene Bevölkerung ausreichen.

Darin habe sie ihre Aufgabe als die Göttin der Zukunft erkannt.

Es müssen und werden Milliarden von Menschen sterben, aber die wenigen, die diese Zeit der Apokalypse überleben, würden ihr dereinst dankbar sein. Noch in Jahrtausenden werde man ihre Tempel bekränzen und sie als Retterin dieses Planeten anbeten.

Ich fragte äußerst vorsichtig, was ihre Strategie dazu sei. Sie meinte, sie und die KI in ihr hätten noch keinen endgültigen Plan. Es laufe aber auf einen Atomkrieg hinaus oder aber auf eine weltumspannende Seuche. Die erste Alternative würde schneller gehen, allerdings viele Teile der Welt auf Jahrtausende hinaus unbewohnbar machen. Die zweite Alternative wäre daher geeigneter, es müsste nur ein Virus sein, der sich schnell verbreitet und gegen den es keine Heilmittel gibt.

Sie war sehr ernst und betonte, niemand könnte sie von diesem Rettungsplan abbringen und wenn man es versuchen wollte, dann käme das Ende der Welt eben viel früher.

Datum xx.xx.xxxx. Paris, Tag sechszehn nach meiner Ankunft.

Tamara hat ihr Versprechen wahr gemacht und mich mit nach Paris genommen. Zuerst mit dem

Hubschrauber zu dem Flugplatz, wo ihr Privatjet wartete, dann in die französische Hauptstadt. Einkaufsbummel und gemeinsames Essen ohne besondere Vorfälle. Ich fragte sie, ob ich meinem Mann eine Karte schreiben dürfte, damit er weiß, dass es mir gut geht. Sie antwortete, das sei kein Problem und ich sollte gleich bei dieser Gelegenheit mein rotes Notizbuch an Prof. R. schicken und ihn schön von ihr grüßen. Ich sollte auch dem alten R. berichten, an der Versuchsperson seien keine Verhaltensauffälligkeiten festzustellen.

Das tue ich jetzt und hoffe, die Post erreicht ihren Empfänger.

Traijl o Die tji bax, azutsar mange

Das Geheimnis von Azawad

Nachdem ich meine Assistentin am Bahnhof in H zum Zug gebracht hatte, war ich voller Unruhe. Ich versuchte mentalen Kontakt zu ihr aufzunehmen. Doch, was an der Universität noch so gut funktioniert hatte, schien jetzt unmöglich. Ich spürte nur eine große Leere. Wahrscheinlich hatte ich die Kraft dieser mentalen Fähigkeit überschätzt.

Es vergingen einige Tage, und ich versuchte es immer wieder, mich auf Frau Dr. A. L zu konzentrieren. Eines Abends, ich ging gerade durch die große Allee im Zentrum von Z., formte sich ein Begriff in meinem Kopf. Dieses Wort war ganz klar und keineswegs nur in meiner Fantasie entstanden: „Azawad".

Ich zweifelte keinen Augenblick daran, eine mentale Botschaft meiner Assistentin erhalten zu haben. Da ich nicht wusste, inwieweit unsere Versuchsperson vielleicht schon in meinen privaten Computer eingedrungen war, so misstrauisch war ich mittlerweile geworden, wagte ich nicht, diesen Begriff im Internet zu recherchieren. Ich griff mir meine alten Lexika, die seit Jahrzehnten unberührt in meiner Bibliothek standen, und begab mich auf die Suche nach diesem geheimnisvollen Wort. Es bedeutet in der Sprache der Berber nichts anderes als eine Savanne, in der einzelne Oasen von einem saisonalen Flusssystem in den Wadis, verbunden sind. So wird im nördlichen Mali eine bestimmte Region bezeichnet.

Ich war überzeugt, den Aufenthaltsort von Frau Dr. A. L. gefunden zu haben.

Schon am nächsten Tag fuhr ich nach Wiesbaden zu Kriminaldirektor F. Natürlich erzählte ich nichts von der „mentalen Verbindung“ und vom Geheimnis meines Volkes. Ich wollte mich nicht lächerlich machen. Ich versuchte ihm die Sache dadurch näher zu bringen, dass ich vorgab, wir hätten einen glaubhaften Hinweis auf den Aufenthaltsort unserer Versuchsperson und schlug ihm vor, nähere Informationen einzuholen. Wahrscheinlich war ich selbst schon ein bisschen paranoid geworden und litt an den ersten Anzeichen eines „Verfolgungswahns“, denn ich bat ihn inständig, seine Recherchen nicht mithilfe elektronischer Medien durchzuführen. F. versuchte mich in dieser Hinsicht zu beruhigen. Er werde unverzüglich mit den Kollegen bei der NSA Kontakt aufnehmen. Ich sollte deswegen keine Bedenken haben, die NSA sei bekannt dafür, wie sicher ihre elektronischen Netzwerke seien und ein Cyberangriff auf deren Computer sei völlig auszuschließen.

Trotz dieser Versicherung war die Angst um meine Assistentin nicht ausgeräumt. Mein Gefühl wurde auch nicht besser, als eine Woche darauf F. zu mir nach Z. kam. Auch diesmal wurde er wieder von zwei Amerikanern begleitet, die sich nicht vorstellten.

Was mir die drei zu sagen hatten, war mehr als verstörend: Azawad sei der Name eines Rebellengebietes im nördlichen Mali. Verschiedene radikal islamistische Gruppen hätte dort einen eigenen Staat gegründet, der allerdings nicht anerkannt sei. Wegen des terroristischen Hintergrundes der Aufständischen werde die dortige Entwicklung von der internationalen Gemeinschaft aufmerksam verfolgt. Besonders in jüngster Zeit seien dort beunruhigende Aktivitäten zu beobachten gewesen. Den Rebellen flössen angeblich immense Geldmittel zu, die für Söldner und Waffenkäufe verwendet würden. Zunächst hätte man vermutet, die Drahtzieher seien islamistische Extremisten in Saudi-Arabien, aber dieser Verdacht habe sich nicht bestätigt. Wenn mein Hinweis zutreffend sei, dann spräche sehr viel dafür, dass „Super Brain“ dort seinen neuen Schlupfwinkel gefunden habe.

Einer der NSA-Agenten breitete mehrere Fotografien vor mir aus. Es waren gestochen scharfe Ansichten, aufgenommen von einem amerikanischen Spionagesatelliten. Am unteren Rand der Aufnahmen war der Aufdruck „ comint cosmic top secret“ zu lesen. Mir wurde erklärt, auf dem Bild sei ein ehemaliger Präsidentenpalast zu sehen. Seit einiger Zeit wären dort verdächtige Bewegungen zu beobachten gewesen und daher sei dieses Objekt in die Satellitenüberwachung aufgenommen worden. Mehrere gepanzerte Fahrzeuge vor einer Mauer und Hubschrauber im Innenhof waren gut zu erkennen.

Zu meinem Erstaunen gab man mir als Außenstehenden bereitwillig Auskunft über die bisher gesammelten Erkenntnisse. Ich schloss daraus, man würde auch seitens der NSA gerne meine Hilfe in Anspruch nehmen. Da mir der Begriff Azawad bekannt war, dachte man, ich hätte weitere wertvolle Informationen.

Die konnte ich auch zehn Tage später liefern, denn das Paket mit dem Notizbuch kam auf dem Postweg an. Ich las die Aufzeichnungen mit wachsender Panik und verstand den Hilferuf, den A. L. am Schluss angefügt hatte, sehr wohl.

Schon am übernächsten Tag saß ich mit Kriminaldirektor F., einem Dutzend NSA-Agenten und Vertretern deutscher Geheimdienste in einem abhörsicheren Raum des Militärstützpunktes auf dem Flughafen in RS:

Die Damen und Herren nahmen das Notizbuch an sich, das sie zuvor eingehend studiert hatten, und schickten es mit dem nächsten Kurierflugzeug nach Fort Mead in die USA. Dort sollte es gründlich analysiert, auf mögliche geheime Hinweise und DNA Spuren untersucht werden.

Einer der anwesenden Herren, bei dem mir besonders sein breiter texanischer Akzent auffiel, hielt einen Lagevortrag.

Die Gefahr durch „Super Brain" habe eine Stufe erreicht, die kein weiteres Zuwarten erlaube. Er listete die provozierten internationalen Zwischenfälle der letzten Wochen und Monate an einer Hinterwandprojektion auf. Viele davon hatten auch den Weg zu den Nachrichtenagenturen gefunden, ohne dass der Presse der wahre Hintergrund bekannt war. Nur durch direkten diplomatischen Kontakt der Großmächte auf allerhöchster Ebene sei bislang eine kriegerische Konfrontation verhindert worden. Das könnte sich aber schlagartig ändern, wenn es „Super Brain" gelingen würde, auch in diese Kommunikationskanäle einzudringen und Ereignisse unvorhersehbaren Ausmaßes herbeizuführen. Besonders die Chinesen argwöhnten schon ein geheimes Komplott von Russen und Amerikanern. Die Geschichte vom „Super Brain" glauben sie, sei erfunden worden, um sie in die Irre zu führen. Über die Verwerfungen auf den internationalen Finanzmärkten und gewaltige Geldströme, die offensichtlich von „Super Brain" rund um den Globus gesteuert werden, wollte der Agent erst gar nicht reden.

Hochrangige Militärstellen würden von einem direkten Ansturm auf „die Festung Azawad“ abraten. Die Erfahrung bei der Razzia in Frankreich habe gezeigt, dass „Super Brain“ gewarnt sein könnte und entsprechende Alternativpläne ausgearbeitet habe. In Europa sei ein solcher Einsatz als Polizeiaktion noch möglich gewesen, wenn auch erfolglos. Bei einer militärischen Aktion gegen Azawad würde es sich um einen Überfall auf einen Staat handeln, der zwar nicht anerkannt sei, dennoch über beachtliche Militärmittel verfüge. Man könne auch nicht ausschließen, dass ein Angriff auf Azawad von der „teuflischen Intelligenz“ bewusst provoziert sei. Im Süden Malis läge französische Fremdenlegion in Bereitschaft und könnte kurzfristig als Sturmtruppe eingesetzt werden, aber auch die Russen hätten großes Interesse an einer Aktion. Wie aus Geheimdienstkreisen zu erfahren war, würde sich eine gut ausgerüstete russische Söldnertruppe namens „Wagner“ ebenfalls im Operationsgebiet aufhalten. Wer könnte wissen, ob „Super Brain“ nicht eine direkte Konfrontation der Großmächte in Azawad anzetteln wollte.

Die Amerikaner schienen keinen Plan zu haben. Die Lage war zu gefährlich. Nun wandte sich der Texaner mir zu: „Niemand kennt „Super Brain“ und sein Verhalten besser als Du. Hast Du eine Vorstellung, was er plant und wie wir der ganzen Sache ein Ende machen können?“

Was erwartete man da eigentlich von mir? Die versammelte Intelligenz der großen NSA wollte von einem einfachen Verhaltensforscher einer kleinen Universität in einer unbedeutenden Stadt am Rande Deutschlands eine Strategie, um ein riesiges, aber doch künstliches Intelligenzpotenzial zu bekämpfen.

Ich dachte an Tamara, die noch vor nicht allzu langer Zeit eine ganz normale, harmlose Studentin gewesen war, die sich vor einer Statistikklausur gefürchtet hatte. Eine junge Frau, die sich bereitwillig und arglos einem Experiment unterzogen hatte, dessen Folgen nun die Regierungen der Welt beschäftigten. Durch unsere wissenschaftliche Überheblichkeit hatten wir diesen jungen Menschen, der doch an unserer Universität unserer Obhut und unserem Schutz anvertraut war, zu einem Monster gemacht.

Tamara war nicht böse, sondern ein Mädchen, in dessen Gehirn sich nun eine künstliche Intelligenz breitgemacht hatte, die in ihren Nervenbahnen und Gehirnzellen Voraussetzungen gefunden hatte, die kein noch so leistungsfähiger Zentralrechner bieten konnte. Diese Kombination von menschlichem Gehirn und künstlicher Intelligenz war perfekt. Prof. Dr. Dr. M. hatte seinen Traum verwirklicht, der gerade zum Albtraum wurde.

Auch die künstliche Intelligenz in Tamaras Kopf war nicht heimtückisch. Kein Computerprogramm ist per se bösartig. Warum war es so weit gekommen, dass unschuldige Menschen sterben mussten, in den Wahnsinn getrieben wurden und das Finanzgefüge der Welt in Unordnung geriet? War der Plan der Vernichtung des größten Teiles der Menschheit nicht in der Tat die konsequente Lösung aller Probleme?

Aus dieser Sicht der Dinge konnte ich zwei Hypothesen ableiten:

Erstens: Der Zugewinn an zunächst neutraler Intelligenz führte in der Tat bei unserer Versuchsperson zu deutlichen Änderungen ihres Verhaltens. Sie verfügt über eine unglaublich große Wissensbasis und die selbstlernende KI-Software ermöglicht aufgrund vorberechneter Handlungsalternativen eine Präzision von Entscheidungen, die unübertroffen ist. Durch den Zugang zu digitalen Informationen auf den Rechnersystemen der Welt wurden sowohl passive als auch aktive Handlungsspielräume geschaffen, die für einen einzelnen Menschen unvorstellbar sind. Der Zugriff auf externe Informationen und die Beeinflussung externer elektronischer Steuerungssysteme führte zweifellos bei unserer Versuchsperson zu einem Selbstbild, das aus der Erfahrung einer Überlegenheit gegenüber „dem Rest der Welt" gespeist wurde. Ein Verhalten, das auch bei anderen Menschen beobachtet werden kann, die sich ihrer Umwelt überlegen fühlen und die Macht, die sie ausüben können, zu ihrem Vorteil einsetzen.

Zweitens: Die beobachtbaren Verhaltensweisen der Versuchsperson zeigen zwar einen deutlichen Einfluss der künstlichen Intelligenz in ihrem Gehirn. Die Dispositionen in der Persönlichkeitsstruktur sind freilich in ihren Grundlagen unverändert geblieben. Wir können also davon ausgehen, dass das Grundmuster ihres Verhaltens nicht so stark von der künstlichen Intelligenz beeinflusst wurde, dass es nicht mehr erklärbar und damit berechenbar wäre. Unabhängig von ihrer ethnischen Zugehörigkeit ist das Verhalten aller Menschen in seinen Grundmustern gleich. Wir können dieselben Paarungsriten, die gleichen emotionellen Reaktionen und kognitiven Mechanismen auf der ganzen Welt beobachten. Das beste Beispiel dafür ist der Kuss. Wir Verhaltensforscher nennen solche Verhaltensweisen „Universalien“ und dürfen nicht nur behaupten, dass das Grundmuster des Verhaltens auf der ganzen Welt gleich ist, sondern sich auch über die Jahrtausende der Menschheitsgeschichte nicht geändert hat. Daraus schließe ich, die grundlegenden Reiz-Reaktionsmechanismen sind bei unserer Versuchsperson durch die KI nicht oder nur peripher beeinflusst. In ihr Unterbewusstsein war die KI nicht oder vielleicht noch nicht vorgedrungen. Daher sind ihre Motivationslage und ihre Handlungsdisposition trotz der hohen künstlichen Intelligenz immer noch auf der Ebene einer unreifen Studentin Mitte zwanzig.

Daraus lässt sich ganz allgemein folgern: Ein Zuwachs an sogenannter Intelligenz wirkt sich ebenso schädlich auf das menschliche Verhalten aus wie ein Zuwachs an persönlicher Macht. Wie sehr Macht, hervorgerufen durch soziale Stellung oder Geld, den Charakter schädigt, ist schon hinreichend thematisiert worden. Deformationen durch gesteigerte Intelligenz sind bislang nicht beschrieben worden, weil eine solche Entwicklung vor unserem Experiment für unmöglich gehalten wurde.

Im Grunde ist das Verhalten unserer Versuchsperson nachvollziehbar. Sie sucht immer noch Nähe und Geborgenheit. Dafür spricht ihre enge Bindung zu meiner Assistentin und zu Dr. UP. In der Beziehung zu ihnen wird allerdings deutlich, dass sie beide beherrschen will. Obwohl sie wohl Dr. UP. als Leiter ihres eigenen Forschungsprogramms auserwählt hat, hält sie ihn in vollkommener Abhängigkeit von sich, quasi wie einen Hund. Sie möchte beide Bezugspersonen nur für sich haben, daher auch der Mord an UP.s Frau. In ihrem Bedürfnis nach Anerkennung steigerte sie sich in den Wunsch, die schönste Frau der Welt zu werden. Nachdem dieses Vorhaben gescheitert ist, verfolgt sie alle schönen Frauen mit ihrem Hass, der eindeutig aus Neid entspringt. Sie versucht nun durch die Macht, die ihr die KI verleiht, die ganze Welt nach ihrem Willen zu beeinflussen und erlebt darin eine gewisse

Selbstverwirklichung. Der Neid auf alle anderen gut aussehenden Frauen scheint sich allerdings aufgrund der eigenen Hässlichkeit weiter zu steigern.

Auf der Basis solcher Überlegungen kam ich zu einem Rat, den ich den versammelten Geheimdienstleuten geben konnte.

„Ich stimme der Ansicht des Vortragenden zu, dass ein direkter Angriff auf Azawad nicht zielführend ist und mit ziemlicher Sicherheit in einer Katastrophe enden wird. „Super Brain" könnte die Atomwaffen in den Silos der Großmächte aktivieren und den dritten Weltkrieg einleiten, bevor die Aktion abgeschlossen ist. Ich halte es stattdessen für sinnvoller, die Zielperson aus ihrem Versteck herauszulocken und bei einem Zugriff die KI zu entfernen. Dazu müsste sie allerdings betäubt und so lange ruhiggestellt werden, bis der Prozessor aus ihrem Gehirn entfernt ist. Da ich nicht weiß, wie weit die KI sich schon entwickelt hat und möglicherweise gar nicht mehr an den Prozessor gebunden ist, müssen alle Gehirnaktivitäten auf Null gebracht werden."

Die Strategie des Herauslockens hatte der Texaner verstanden, aber den Rest interpretierte er auf seine Weise: „Also einen Köder legen, die Person isolieren und dann liquidieren. Wenn der Tod die Gehirnströme auf Null steht, braucht es auch keine Operation mehr."

Die anderen am Tisch stimmten zu und diskutierten nur noch darüber, wie der Prozessor geborgen und für die eigenen geheimdienstlichen Aufgaben entnommen und untersucht werden sollte. Hatte ich gerade das Todesurteil über Tamara gefällt?

Die Frau hatte unzweifelhaft mehrere Menschen auf dem Gewissen. Sie könnte sogar einen Großteil der Bevölkerung vernichten, wenn sie nicht gestoppt würde. Aber dies war eigentlich nicht ihre Schuld, sondern nur das Ergebnis unserer Hybris. Ich wollte nicht, dass unsere Studentin so endet. Weil ich mir bewusst war, die Geheimdienstleute würden meine Hilfe brauchen, um an Tamara heranzukommen, schlug ich einen anderen Plan vor:

„Ich bin in der Lage, einen Köder für „Super Brain" zu präparieren und so auszulegen, dass die Zielperson an einem bestimmten Ort zu einer bestimmten Zeit angetroffen werden kann. Die Deaktivierung der besonderen Fähigkeiten muss so erfolgen, dass keine Reaktion möglich ist. Dazu ist die Tötung der Zielperson nicht erforderlich, sondern nur geeignete Schutzmaßnahmen, die im Einzelnen noch festzulegen sind."

Die Anwesenden drangen auf mich ein und wollten mehr über den Köder und die Einzelheiten meines Planes erfahren. Ich hüllte mich in Schweigen und erklärte, ich würde mich sofort an die Arbeit machen, erbat mir aber noch etwas Geduld. Das gefiel den Herren Agenten gar nicht, doch sie sahen ein, wie sehr sie in dieser Angelegenheit auf meine Hilfe angewiesen waren. Schon fast im Befehlston wurde ich aufgefordert, in spätestens vier Wochen einen detaillierten Aktionsplan vorzulegen. Kriminaldirektor F. und Oberstleutnant H. vom militärischen Abschirmdienst wurden als Verbindungsleute zur NSA bestimmt. Sie sollte ich zeitnah auf dem Laufenden halten. Nun wusste ich, dass die NSA mich auf dem Schirm hatte und jeden meiner Schritte überwachen würde. Meine Hauptsorge galt aber meiner Assistentin, die immer noch in den Händen unserer Versuchsperson war.

An die Universität in Z. zurückgekehrt, suchte ich keinen Kontakt zu Prof. Dr. Dr. M. und dem Projektteam. Nach den bisherigen Ereignissen waren die Kollegen in tiefe Depression verfallen und fürchteten sich vor den dunklen Wolken, die sich über ihren Köpfen zusammenbrauten. Der missglückte Zugriff in Frankreich war ihnen nicht verborgen geblieben.

Nur Prof. Dr. B., den Informatikdekan, wollte ich in meinen Plan einweihen. Ich schätzte ihn als einen Mann mit sehr vernünftigen Ansichten und jenen überragenden Fähigkeiten, wie sie jetzt gebraucht wurden. Ihm als einzigen offenbarte ich meine Strategie und hoffte, seine Unterstützung zu finden.

Ich ging davon aus, dass unsere Versuchsperson die psychischen Verletzungen der missglückten Schönheitsoperationen noch nicht überwunden hatte. Die Schmerzen und der Blick in den Spiegel erinnerten sie täglich daran, wie wenig ihr die neuerworbene Intelligenz bei dem Ziel, die schönste Frau der Welt zu werden, geholfen hat. In ihr staute sich zweifellos ein immenses Frustrationspotenzial an, ein brennender Hass auf alle schönen Frauen. Sie war bereit, sich für ihre eigene Hässlichkeit zu rächen. Der Absturz des Flugzeuges mit den Schönheitsköniginnen und das Säureattentat auf die Schauspielerin bestätigten diese Annahme.

Der Köder musste also eine Frau sein, welche die Feindschaft Tamaras auf sich zog, unbeschreiblich schön und gleichzeitig hochintelligent. Ein Wesen, das den Hass bis zur Raserei steigerte. Jemand, der so war, wie sie es gerne sein würde, doch niemals mehr sein könnte. Wenn es uns gelingt, diesen Hass zu provozieren, dann überlagern die starken Emotionen alle Sicherheitsvorkehrungen der KI, und Verhaltensweisen treten auf, die nicht rational gesteuert werden.

Prof. Dr. B. hatte schnell erkannt, worauf ich hinauswollte. Er gab allerdings zu bedenken, dass es einerseits schwierig sei, eine Frau zu finden, die diese beiden Eigenschaften in sich vereinigt. Er meinte das keineswegs abschätzig. Andererseits sei es unverzeihlich, jemanden als Lockvogel den Nachstellungen unserer Versuchsperson auszusetzen. Wir wussten, wie brutal sie war, und die jeweilige Person, wenn es sie überhaupt gab, wäre in Lebensgefahr. Aber gerade aus diesem Grund brauchte ich das Können von Prof. Dr. B. Nicht eine lebendige Frau sollte der Köder sein, sondern eine virtuelle Person, die auf seinem Rechner entstehen sollte. Ein Avatar, den wir mithilfe der Medien und der sozialen Netzwerke zum Leben erwecken wollten.

Prof. Dr. B. gilt weltweit als einer der besten Könner auf dem Gebiet der virtuellen Bildgestaltung. Viele preisgekrönte Animationen, die Millionen von Besuchern in den Kinos begeisterten, sind auf seinen Computern entstanden. Er versteht es, das Fell von Wildtieren im Wind wehen zu lassen, die Bewegung exotischer Lebewesen naturgerecht nachzubilden und seine Arbeiten sind nicht von echten Filmaufnahmen zu unterscheiden. Reale Menschen, von denen er einen 3-D-Scan anfertigt, kann er mit einer besonderen, von ihm entwickelten Software in ganze Filmsequenzen einbauen. Im Grunde mag er diese Spielereien nicht, sondern nahm solche gut bezahlten Aufträge nur an, um seine Forschungen zur künstlichen Intelligenz zu finanzieren.

Nach einer Woche hatte Prof. B. einen Avatar konstruiert, der in Hinblick auf Schönheit und Anmut keine Wünsche mehr offenließ: Eine junge Frau, ebenso alt wie Tamara, mit langen blonden Haaren. Das Gesicht entsprach dem bekannten Kindchenschema. Die Lippen waren voll und sinnlich, die Augen ein klein wenig mandelförmig, ohne zu sehr asiatisch zu wirken. Der Teint leicht dunkel. So könnte ein Mensch der Zukunft aussehen, der aus den besten Merkmalen aller Völker entstanden ist. Doch es war keine reale Person, sondern nur eine Computeranimation. Wir nannten sie Keana.

Nachdem der Avatar geschaffen war, folgte der zweite Teil unserer Strategie. Wir mussten Keana bekannt machen. Bei dieser Aufgabe war ich als Marketingmann in meinem Element. Wir fertigten ganze Bildstrecken dieses „Mädchens" an und die aufregendsten Filmsequenzen. Eine erfahrene Synchronsprecherin wurde engagiert, um dem Avatar eine Stimme zu geben. Mit der Chroma Keying Technik agierte unsere Kunstperson an exotischen Schauplätzen und zeigte in südlicher Sonne ihr strahlendes Lächeln. Ich hatte genug Kontakte zu bedeutenden Markenherstellern, die Keana gerne als Influencer buchten, als sie von uns hörten, der Einsatz dieser jungen Frau sei für sie kostenlos. Bald konnte man unser Geschöpf auch im Dialog mit Professoren bestaunen, die ohne zu wissen, um was es eigentlich ging, „Gespräche" mit Keana über die unterschiedlichsten wissenschaftlichen Gebiete führten. Sie bewunderten ihre umfassende Bildung und unübertroffene Intelligenz. Wir verließen uns allerdings nicht auf die üblichen Kontaktfrequenzen, Klicks und Likes in den sozialen Netzwerken, in denen wir den Avatar platziert hatten, sondern trieben die Impressionen mithilfe unserer Computer schnell in den Millionenbereich. Nach knapp vier Wochen war Keana der Shootingstar im Internet. Die großen Zeitungen und Sender wurden bald auf sie aufmerksam, führten virtuelle Interviews mit ihr und brachten sie als „Schönste und intelligenteste Frau der Welt" in die Schlagzeilen.

Über Kriminalrat F. und Oberstleutnant H. wurde schließlich die NSA über unsere Strategie informiert. Der Köder schien dort die Zustimmung der Verantwortlichen zu finden, und ich hätte nicht im Traum daran gedacht, über welche Möglichkeiten die Geheimdienste im Internet verfügen. Die Popularität unserer Kunstfigur stieg in allerkürzester Zeit international ins Unermessliche. Eine angesehene amerikanische Wissenschaftszeitung veröffentlichte einen Artikel über einen Intelligenztest, dem sich Keana unterzogen habe. Natürlich war das eine Fake-Meldung. Dieser Test habe den fantastischen Wert von 260 ergeben und damit die junge Frau als intelligentesten Menschen der Welt identifiziert. Diese Meldung ging über die Nachrichtenagenturen rund um den Globus.

Eigentlich hätte ich mit dem Marketinghype sehr zufrieden sein können. Doch mir ging die

Angelegenheit viel zu langsam. Ich dachte immer an meine Assistentin in Azawad, von der ich kein Lebenszeichen mehr erhalten hatte. Sie war jetzt ganz unserer Versuchsperson ausgeliefert, die zweifellos schon von der berühmten, intelligenten und schönen Keana gehört hatte. Der von uns fabrizierte Giftköder war ausgelegt und Frau Dr. A. L. im Zentrum der Hölle. Ich hoffte inständig, Tamaras Wut würde sich nicht auf meine Assistentin entladen. Immer wieder versuchte ich einen mentalen Kontakt herzustellen und hoffte, Signale auf diesem Weg zu empfangen. Aber nichts kam an. War meine treue Mitarbeiterin vielleicht schon gar nicht mehr am Leben oder teilte sie gar das Schicksal von Dr. UP.? Nur die Tatsache, dass Frau Dr. A. L. eine erfahrene Verhaltenswissenschaftlerin war und in kritischen Situationen wusste, was zu tun sei, beruhigte mich ein wenig.

Das nächste Treffen mit den Agenten der NSA fand wieder auf dem Luftwaffenstützpunkt in RS. statt. Es waren wieder die gleichen namenlosen Personen anwesend, deren Gesichter ich wiedererkannte. Auch der Texaner war dabei, der mit „General" angeredet wurde. Er lobte meine Strategie, die bemerkenswerte Technik des Avatars und wie die NSA zur weltweiten Verbreitung dieser Kunstfigur beigetragen habe. So sehr sich „Super Brain" auch bemühe, seine Anzeichen in den digitalen Netzen zu verschleiern, habe man seine Signale durch eine spezielle, von der NSA entwickelte Software einwandfrei identifizieren und zuordnen können. Die Tracing-Spezialisten des Geheimdienstes könnten mit einiger Sicherheit die Spur verfolgen. Man sei allgemein überrascht von der Vielfältigkeit der Aktivitäten im Netz und von der geschickten Verschleierungstaktik. Man könne leider nicht vorhersagen, wann „Super Brain“ irgendwo zuschlagen wird, aber man kann nun sehen, wo er überall war. Das sei nicht sehr beruhigend, aber immerhin mehr als nichts.

Das interessanteste Ergebnis war für mich aber, wie die NSA festgestellt hatte, dass Tamara den Köder geschluckt hatte. Sie drang in die Pläne der Fluggesellschaften ein und in die Passagierlisten. Sie verfolgte genau, an welchem exotischen Ort eine Aufnahme entstanden war und welche Flugstrecken von dort abgingen. Es bestand kein Zweifel, „Super Brain“ wollte Keana auf einem der Flüge ausschalten und nahm auch den Tod aller Passagiere in Kauf. Da diese Reisen allerdings alle nur virtuell waren, konnte sie unseren Avatar nicht finden. Es drohte jedoch die Gefahr eines Flugzeugabsturzes infolge einer Verwechslung oder aus purer Bösartigkeit. Selbst in die Meldelisten der Hotels, in die Aufzeichnungen der Fernsehanstalten, der Autovermietungen und Polizeibehörden hatte sich „Super Brain“ auf der Suche nach Keana gehackt.

Der Hass auf diese Person beeinflusste in diesen Tagen alle beobachtbaren Aktivitäten.

Wir stimmten in der Beurteilung überein, jetzt sei der richtige Zeitpunkt, die Falle zuschnappen zu lassen.

Mit der geballten, nun entstandenen Medienmacht verbreiteten wir einen Termin, an dem sich die vielbewunderte Influencerin, die begehrenswerte Schönheit mit ihrer alles überragenden Intelligenz, die berühmte Keana, live der Öffentlichkeit präsentieren sollte.

Als Veranstaltungsort war eine große Halle in der Umgebung von Frankfurt vorgesehen. Zuvor wurden die Presse und die großen Fernsehsender zu einem Liveauftritt in ein bekanntes Hotel in der Nähe des Frankfurter Flughafens eingeladen.

Von allen Seiten kamen sofort die Zusagen, jeder wollte die Wunderfrau sehen und über sie berichten. Es wurden sogar Termine für Einzelinterviews in ihrer Hotelsuite vergeben. Die Planung für dieses Event übernahm eine gut eingeführte Agentur, die schon mehrere vergleichbare Veranstaltungen mit weltbekannten Prominenten gemanagt hatte. Natürlich wussten die Mitarbeiter dieser Firma nicht, dass sie nur einen gefakten Auftritt vorbereiteten. Sie hielten Keana für eine reale Person und arbeiteten zuverlässig und professionell, wie sie es gewohnt waren. Vertragspartner auf unserer Seite war eine US-amerikanische Kommunikationsagentur, die im Umfeld der Geheimdienste etabliert war.

Keana sollte einen Tag vor der Veranstaltung im Flughafenhotel einchecken. Es wurde vereinbart, ihr Eintreffen sollte so geheim wie möglich und nicht vor den Augen der Öffentlichkeit stattfinden. Dann sollte sie gemeinsam mit ihrer Entourage die vorbereitete Suite und die umliegenden Hotelzimmer beziehen. Abendessen und Frühstück würden in diesen Räumlichkeiten serviert. Ab acht Uhr morgens waren Einzelinterviews mit ausgewählten Journalisten geplant, danach um zehn Uhr ein kurzer Liveact in der Hotelhalle, vor der Abfahrt mit der Limousine einige Minuten Präsentation vor dem Hotel zum Treffen mit angereisten Fans und vereinzelte Autogramme. Um elf Uhr würde der Star in der Veranstaltungshalle erwartet, dort folgte ein Auftritt vor Fernsehen und Presse. Danach, gegen 14 Uhr, große Party mit den Fans.

Die Veranstalter hatten alles im Griff. Die Limousinen waren bestellt, die Pressemappen lagen bereit und auch sonst alles, was auf der großen Party danach gebraucht werden würde. Unsere amerikanischen Freunde hatten an nichts gespart, obwohl sie genau wussten, wie überflüssig die gesamte Vorbereitung sein würde.

Die Polizei erwartete einige tausend Besucher und hatte die üblichen Vorbereitungen getroffen. Die höheren Beamten waren freilich etwas irritiert über die impertinente Einmischung des Bundeskriminalamtes. Schließlich habe man Erfahrungen mit solchen Veranstaltungen, es sei doch ganz normales Tagesgeschäft. Sie wussten nichts von der Bedeutung der „Aktion Super Brain" beim BKA unter der Leitung von Kriminaldirektor F.

Im Folgenden werde ich nun versuchen, aus meiner Erinnerung möglichst genau zu berichten, was sich damals in Frankfurt zugetragen hat, und in welche Richtung sich die Dinge entwickelt haben.

Als der Termin für die „Aktion Super Brain" festgelegt war und die Vorbereitungen anliefen, zog ich mich völlig von meiner täglichen Arbeit an der Universität zurück. Ich meditierte sehr viel und versuchte mich immer intensiver auf Frau Dr. A. L. zu konzentrieren. Ich stellte mir die grässlichsten Szenen vor, die sich in diesem Moment im Palast von Azawad abspielten und hoffte, es seien nur Eindrücke meiner übersteigerten Fantasie und keine Botschaften, die mir meine Assistentin auf diesem Wege schicken wollte.

Die wenigen Begegnungen mit anderen Menschen nutzte ich dazu, meine manipulativen „Senderfähigkeiten" weiter zu trainieren. In vielen Fällen konnte ich den bekannten Trick wiederholen, und meine „Versuchspersonen" ließen sich durch meine Gedanken gut beeinflussen. Doch das half A. L. jetzt wenig.

Am Tag vor dem geplanten Ereignis in Frankfurt traf ich mich nochmals zu einer Einsatzbesprechung mit den amerikanischen Agenten auf der Airbase in RS. Wieder versammelten wir uns in einem angeblich völlig abhörsicheren Raum. Der General erklärte mir, mein Plan sei geglückt. „Super Brain" sitze bereits in einem Flugzeug und sei auf dem Weg nach Deutschland. Die Reiseroute quer durch Afrika habe man gut verfolgen können, auf einem kleineren Flugplatz in Malta, auf dem Airport von Dubai und in Madrid habe die Zielperson immer die Maschine gewechselt und ab Spanien Linienflüge gebucht. Dabei wurde jeweils der Name gewechselt. In Frankfurt würde Tamara als Frau Ignand Darousch aus Burji erwartet, in ihrer Begleitung habe man auch zwei Männer ausgemacht. Gleich nach der Landung in Frankfurt werde man sie nicht mehr aus den Augen lassen und mit allen technischen Mitteln verfolgen, die der NSA zur Verfügung stehen.

Frau Darousch habe für sich und ihre Begleitung zwei Zimmer im gleichen Hotel gebucht, in dem auch Keana übernachten sollte. Im Hotel sei alles so vorbereitet worden, wie von mir gewünscht.

Am Ende seiner Ausführungen klopfte mir der General noch kameradschaftlich auf die Schultern, nannte mich „Old Fellow" und wünschte mir viel Erfolg.

Erst später erfuhr ich, dass sich der russische und der amerikanische Präsident angesichts des Bedrohungspotenzials darauf verständigt hatten, die Alarmpläne für die Atomraketen für die Dauer der Aktion zu ändern. So sollte vermieden werden, dass ein Computerangriff von außerhalb die Nuklearasenale aktivieren könnte. Dabei dachte Tamara gar nicht daran, hier anzugreifen, ihr Gehirn hatte einen viel teuflischeren Plan entwickelt.

Im Airport Hotel traf ich wie zufällig meinen Freund, den Kriminaldirektor F. an der Hotelbar wieder. Er versicherte mir, alles sei vorbereitet. Auf allen Computern und elektronischen Medien herrsche, was die Aktion angehe, absolute Funkstille. Er und seine Leute kommunizierten seit drei Tagen nur noch mit „Handzetteln". Heimlich steckte er mir die Chipkarte für die vorbereitete Suite zu und ein abhörsicheres Handy, auf dem nur die Bilder der Überwachungskameras des Hotels angezeigt wurden. Die Serviceklingel im Raum sei unauffällig als Alarmknopf präpariert. Frau Darousch und ihre Bodyguards hätten bereits eingecheckt und seien in den Zimmern C45 und C44.

Pünktlich zum vereinbarten Zeitpunkt fuhr ein Kleinbus mit mehreren Personen in die Tiefgarage des Hotels. Sechs Männer der Security umringten eine schwarz gekleidete Frau, die ihr Gesicht und die langen blonden Haare unter einer Kapuze verbarg.

Ich war mir absolut sicher, Tamara verfolgte die Ankunft ihrer Gegnerin auf den verschiedenen Kameras im Hotel und zweifelte keinen Moment daran, dass sie sich bereits in das WLAN-System des Hauses eingehackt hatte. Sie sah, wie die Personen dem Bus entsteigen, mit dem Aufzug in die Etage der reservierten Suite fuhren und durch die langen Flure gingen. Diesen Moment nutzte ich aus, um ungesehen in das vorgesehene Hotelzimmer zu gelangen. Hier gab es keine Kameras. Die Personen aus dem Kleinbus verteilten sich auf die einzelnen Räume neben der Suite. Die Frau mit den blonden Haaren nahm beim Eintreten ihre Perücke ab. Sie war eine durchtrainierte Agentin und verließ den Raum über das Fenster mithilfe eines dünnen Stahlseils. Tamara musste die Erkenntnis gewinnen, Keana sei von jetzt ab allein in ihrem Zimmer. Wenn ich ihr Verhalten richtig eingeschätzt hatte, würde sie in wenigen Minuten zuschlagen.

Aus meiner Kenntnis ihrer psychischen Disposition hatte ich alle denkbaren Alternativen ihres Attentates durchgespielt. Da sie nicht wusste, wie Keana anreisen würde, war ein Angriff auf das Transportmittel nicht zu erwarten, auch mit einem Anschlag durch einen gedungenen Attentäter, den sie zuvor bei einer anderen Frau schon einmal organisiert hatte, rechnete ich nicht. Ich hielt es auch für ausgeschlossen, dass Tamara eine Katastrophe im Hotel auslösen würde, bei der Keana und alle Menschen im Haus getötet würden. Zumindest nicht sogleich. Sie wollte ihrer „Feindin“ begegnen, wollte sich persönlich davon überzeugen, dass sie wirklich so schön und so intelligent sei, wie alle behaupten und sie dann von Angesicht zu Angesicht vernichten.

Da saß ich nun und konnte mich nur auf die Fähigkeiten meines Gehirns verlassen.

Das menschliche sogenannte Großhirn besteht aus zwei Hemisphären mit unterschiedlichen Aufgabenbereichen. Die Funktionsverteilung ist dabei verantwortlich, ob ein Mensch ein „Linkshänder“ oder „Rechtshänder“ ist. Die eine Gehirnhälfte arbeitet sequenziell, die andere parallel. Beim „Linkshänder“ ist die rechte Gehirnhälfte die dominantere, beim „Rechtshänder“ ist es gerade umgekehrt. Ich selbst bin ein sogenannter Linkshänder wie meine Mutter und mein Vater, aber schon so alt, dass ich bereits als Kleinkind auf das „schöne Händchen“ umtrainiert wurde. Das führte bei mir nicht nur zu einer ausgeprägten Legasthenie, sondern auch dazu, dass ich wechselweise beide Hemisphären des Großhirns aktivieren kann. Ein Phänomen, das mir erst während meines Studiums und meiner wissenschaftlichen Tätigkeit als Verhaltensforscher bewusst wurde. Das ermöglichte es mir, meinen Studentinnen und Studenten kleine Kunststücke vorzuführen. Zum Beispiel bin ich in der Lage, an der Tafel mit beiden Händen gleichzeitig einen

Weihnachtsbaum mit Schmuck und Kerzen zu zeichnen und darunter „Frohe Weihnachten“ zu schreiben, ein Wort gleichzeitig mit der linken, das andere Wort mit der rechten Hand. Kurz gesagt, ich kann beide Gehirnhälften unabhängig voneinander arbeiten lassen. Vermutlich haben auch andere Menschen diese Fähigkeit, sind sich dessen aber nicht bewusst.

Das Duell

Das Handy mit den Überwachungsbildern des Hotels, das mir F. gegeben hatte, zeigte mir bald, wie Tamara mit ihren Leibwächtern ihr Zimmer verließ und sich auf dem Weg zu der Suite machte, wo sie Keana vermutete. Da sie nur zwei ihrer schwarzen Diener dabei hatte, gewann ich die Überzeugung, den dritten hätte sie in ihrem Palast gelassen, um Dr. A. L. zu bedienen oder sie zu bewachen. Also bestand doch eine gewisse Hoffnung für das Leben meiner Assistentin. Tamara hatte sich mit einem bodenlangen schwarzen Schador mit Gesichtsschleier bis zur Unkenntlichkeit verhüllt. Die beiden Männer wichen nicht von ihrer Seite. Ruhig gingen die drei den Flur entlang und fuhren mit dem Lift auf die Etage, in der ich sie erwartete.

Blitzartig kam mir ein fürchterlicher Gedanke. Was wäre, wenn die künstliche Intelligenz in unserer Versuchsperson die Falle, die wir ihr gestellt hatten, erkannt hätte? Wenn es gelungen wäre, in den geheimen Laboren in Azawad eine Replik des Prozessors herzustellen und diesen meiner A. L. einzusetzen? Die Experten der NSA hätten dann nicht den Kurs der Versuchsperson verfolgt, sondern den von A. L. Die beiden schwarzen Diener sollten sie auf dem Weg bewachen, damit sie genau das tue, was Tamara vorhatte. Ein Zugriff würde meiner Assistentin das Leben kosten und unsere Versuchsperson würde sich grausam rächen.

Ich zwang mich, ruhig zu bleiben. Wenn A. L. ihrerseits als Lockvogel vorgeschickt worden war, dann würde sie jetzt eindeutig versuchen, mentalen Kontakt mit mir aufzunehmen. Auf diese kurze Distanz könnte ich ihre Signale bestimmt empfangen, besonders, weil die Situation, in der sie gesendet wurden, hochgradig emotionell aufgeladen war.

Ich konzentrierte mich intensiv, doch in meinem Kopf regte sich nichts.

Als die drei vor der Tür standen, aktivierte ich das Hologramm von Keana, das Prof. Dr. B. angefertigt hatte. Unser Avatar stand in voller Schönheit inmitten des Hotelzimmers. Die Tür öffnete sich. Augenscheinlich hatten die Eindringlinge kein Problem mit der Schließanlage des Hotels.

Die Gestalt im schwarzen Schador nahm den Schleier vom Gesicht. Es war tatsächlich Tamara. Einen Moment lang starrte sie entgeistert auf Keanas Hologramm, das sie sogleich als solches erkannte. Das gab mir die Zeit, mich auf die beiden Männer zu konzentrieren, die mit ihr den Raum betreten hatten. Meine Gedankenimpulse richtete ich auf sie. Das war leichter, als ich dachte. Es waren schlichte Gemüter, die gewohnt waren zu gehorchen. Sie folgten meinen Gedankenbefehlen, öffneten die Tür, durch die sie gerade gekommen waren und verschwanden. Ich wusste, draußen würden sie erfahrene Agenten in Empfang nehmen und sich geräuschlos um sie kümmern.

Nun war ich mit Tamara allein im Raum. Sie wirkte verwirrt. Unablässig starrte sie auf Keanas virtuelles Abbild. Das Verschwinden ihrer beiden Wächter schien sie gar nicht zu bemerken.

Mit einer nervösen Geste griff sie sich an die Stirn. Nun hatte sie wohl bemerkt, dass der ganze Raum präpariert war. Als Handwerker getarnte Geheimdienstleute hatten in den Tagen zuvor bei angeblichen Renovierungsarbeiten die Suite mit einem feinen Metallgewebe und einer Schicht aus Metallplatten so abgeschottet, dass keine elektromagnetischen Signale hinaus und herein dringen konnten. Unsere Versuchsperson saß in der Falle, ohne die Konsequenz richtig zu erkennen. Sie spürte nur, der Prozessor in ihrem Kopf hatte keinen Kontakt mehr zu anderen digitalen Netzen. Ich nahm an, die KI würde in eine Notfallroutine schalten und intensiv versuchen, wieder Verbindung aufzunehmen. Schnell merkte ich, wie dieser Impuls ausgelöst wurde. Empfänger und Sender war ich jetzt selbst und meine beiden unabhängig voneinander arbeitenden Gehirnhälften. Tamara ihrerseits war nun lediglich die biologische Plattform zwischen einer überragenden künstlichen Intelligenz und dem trainierten Gehirn eines Abkömmlings des uralten „fahrenden Volkes“.

Die plötzliche Unsicherheit Tamaras war nur zu deutlich. Sie sah mich mit großen Augen an und suchte nach Worten. Um die Situation zu entspannen, schaltete ich das Hologramm aus und wir beide saßen im Halbdunkel des Raumes, der nur spärlich von einer kleinen Schreibtischlampe erhellt war. Ich redete langsam auf die junge Frau ein: „Tamara, sei ganz ruhig. Die Keana, die Du hier suchst, gibt es überhaupt nicht. Sie ist nur künstlich wie die Intelligenz in Deinem Kopf. Hier im Raum sind jetzt nur Du und ich.“

Wie von weit her hörte ich meine eigenen Worte. Meine Gedanken fokussierte ich auf die Impulse aus Tamaras Gehirn. Ich spürte, welches „Feuerwerk“ die KI in den Synapsen ihres Kopfes zündete, bei dem Versuch, die „biologische Hardware“ neu zu strukturieren und „offline“ einsatzfähig zu halten. Ich versuchte mir ihre Gehirnströme vorzustellen, die jetzt wohl die absonderlichsten Muster aufweisen würden. Ich formte weiter Worte und gab meiner Stimme eine tiefere Tonlage, während ich mich bemühte, den eigenen Hirnwellen einen immer langsameren Rhythmus zu geben. Ich wollte dadurch die

Deltawellen in Tamaras Gehirn erreichen und sie somit in einen tranceartigen Zustand versetzen. Die KI hielt dagegen die einzelnen Wellenbewegungen in einem fast klinischen Rhythmus. Die Frequenzen der KI spürte ich durch den Prozessor überdeutlich. Wenn diese Wellen zu stark würden, käme es so weit, dass nicht Tamara, sondern ich selbst in Trance fiele.

Doch die KI hatte den Zustand der biologischen Basis überschätzt. Mein Gehirn war trainiert und ausgeruht. Tamara war offensichtlich völlig übermüdet, die Theta-Wellen öffneten mir den Weg in ihr Unterbewusstsein, in dem sich die KI offensichtlich nicht eingenistet hatte.

Während ich endlos gleichmäßige Wellenmuster in die Tiefe ihres Gehirns sendete, redete ich weiter: „Tamara, erinnere Dich daran, wer Du früher warst. Wie Du bei uns an der Uni von jedem gemocht wurdest. Wie Du mit den anderen lachen konntest, welche Träume Du hattest. Ja, erinnere Dich daran, wie ruhig Du in deinem Bett schlafen konntest, wenn Du müde von der Arbeit in Rutters-Keller nach Hause gekommen bist. Weißt Du noch, was Du damals geträumt hast, wenn Du tief, ganz ganz tief geschlafen hast?"

Ich merkte, wie die „biologische Tamara" immerfort müder wurde. Da die KI in ihrem Gehirn keinen Unterschied zwischen Tag und Nacht kannte und immer voll aktiviert war, vermutete ich bei ihr eine deutliche Unterversorgung des

Gehirns mit Melatonin. Die für die Produktion dieses „Schlafhormons“ verantwortliche Zirbeldrüse hält man für eine der ältesten Regionen des Gehirns. Hier werden wichtige Botenstoffe produziert, die das Überleben des Individuums sichern, seine Fähigkeiten sind genetisch verankert. Es spricht viel dafür, dass die KI gar nicht bis in die Tiefen dieses Areals vordringen konnte. In alten Zeiten nannte man die Zirbeldrüse auch das dritte Auge. Nun verlor die KI die Kontrolle und der Körper der Versuchsperson überflutete das Bewusstsein mit Adenosin.

Sie antwortete mit leiser Stimme: „Ich kann mich noch gut erinnern. Ich hatte schöne Träume, und wenn der Wecker viel zu früh ging, war ich totmüde. So wie jetzt. Ihre Vorlesung war immer schon um acht Uhr im Audimax. Ich wollte weiterschlafen, denn ich hatte so schön geträumt. Ich bin so müde, so unendlich müde. Alles ist so weit weg.“

Gleichzeitig Gehirnwellen senden und bewusst sprechen strengt sehr an. Lange könnte ich das nicht durchhalten. Ich setzte mich neben Tamara, die auf der Couch im Hotelzimmer Platz genommen hatte und nahm sie einfach in den Arm: „Du kannst jetzt schlafen, Tamara. Tief und fest schlafen. Hab keine Angst, schlaf ruhig ein.“ Meine Hand streichelte über ihren Kopf. Ihre Haare waren hart und wirkten auf mich irgendwie ungesund. „Wenn Du aufwachst, wird alles wieder so sein wie früher. Du kannst wieder glücklich sein."

Ihre Stimme war jetzt ganz leise: „Ich will jetzt schlafen. Nur schlafen. Mach, dass es in meinem Kopf wieder ruhig wird. Ja, ruhig und still muss es sein."

Ihre letzten Worte flüsterte sie nur noch. Unsere Gehirnwellen verliefen jetzt im Gleichtakt. Auch ich war unendlich müde. Die KI hatte den Kampf aufgegeben. Gegen die Überflutung mit den stärksten Botenstoffen der menschlichen Natur kam die KI nicht an. Ich spürte, wie Tamara von der Trance in eine Tiefschlafphase hinüberglitt und wünschte mir, in ihrem Körper würden jetzt reichlich Glückshormone ausgeschüttet, solange sie schlief. Ehe sie die Augen schloss, sah ich Tränen über ihre Wangen laufen.

Ich war nass geschwitzt und kam mir unendlich schuldig am Schicksal dieser jungen Frau vor. Wie vereinbart gab ich das Signal zum Zugriff.

Die Agenten, die vor der Tür gewartet hatten, stürmten in den Raum. Sie beachteten mich, der ich auf der Couch zusammengesunken war, gar nicht. Ich konnte noch beobachten, wie sie der jungen Frau eine Kopfbedeckung aufsetzten, die wie ein komischer Aluhut aussah und sie in eine Röhre aus schimmerndem Metall schoben.

Meine Arbeit war getan.

Ich kam erst wieder richtig zu mir, als sich Kriminaldirektor F. auf den Stuhl neben mich setzte und mir ein Glas mit kalter Cola aus der Minibar einschenkte. Er merkte, wie erschöpft ich war und klopfte mir freundschaftlich auf die Schulter: „Gut gemacht, alter Freund, die Amis werden Dir jetzt bestimmt einen Orden anhängen.“ Ich lächelte nur müde. Darauf konnte ich verzichten. Ich wollte noch wissen, wie es jetzt mit Tamara weitergehe. Er zuckte nur mit den Schultern und verabschiedete sich zur Schlussbesprechung der Einsatzkräfte. Ich wurde nicht mehr gebraucht. Ich rief ihm noch nach, er solle mich auf den Laufenden halten und sich um die Rettung von Frau Dr. A. L. kümmern.

Über das weitere Schicksal unserer Versuchsperson erfuhr ich lange Zeit nichts. Gute Nachrichten erhielt ich allerdings über Oberstleutnant H., meinen Verbindungsoffizier. Nachdem die Meldung einging, „Super Brain“ sei „neutralisiert“, habe man sich die Anlage in Azawad vorgenommen. Um ein direktes Zusammentreffen zwischen französischen Truppen und russischen Milizen zu vermeiden, sei der Einsatzbefehl an das Fallschirmjäger-Regiment 26, gegangen, Krisenreaktionskräfte der Bundeswehr, die sowieso im Rahmen eines UNO-Einsatzes in Mali vor Ort waren. Diese deutschen Soldaten hätten den Palast gestürmt. Die Verteidiger seien völlig überrascht gewesen und hätten sich ohne große Gegenwehr mit ihren Fahrzeugen in die Wüste zurückgezogen. Dort hätten ihnen dann die

Fremdenlegionäre und die Gruppe Wagner den Rest gegeben.

Im Palast selbst waren mehrere höchst gefährliche Sprengfallen versteckt und bereit, über Funkkontakt aktiviert zu werden. Der digitale Befehl sei zum Glück nicht ausgelöst worden. Im Inneren des Palastes seien einige Zivilisten aufgegriffen und erkennungsdienstlich behandelt worden, darunter auch zwei Deutsche: Dr. UP. und Frau Dr. A. L.

Man kann sich meine Freude gar nicht vorstellen, als ich erfuhr, meine Assistentin sei schon auf dem Weg in die Heimat.

Seit den hier geschilderten Ereignissen sind mehr als drei Jahre vergangen.

Ich bin aus den Diensten der Universität ausgeschieden und habe mich in die Einsamkeit zurückgezogen. Frau Dr. A. L., meine Assistentin, habe ich nicht wiedergesehen. Ohne sich von mir zu verabschieden, ist sie kurz nach ihrer Rückkehr mit ihrem Mann nach Kanada ausgewandert. Dort lebt sie nun im Norden dieses Landes als erfolgreicher „Personality Coach“. Ich weiß nicht, wie sie die Zeit in Azawad psychisch verarbeitet hat.

Das Projektteam „Externe Intelligenz“ wurde zur unbedingten Verschwiegenheit verpflichtet. Die meisten meiner ehemaligen Kollegen sind froh, ungeschoren aus der ganzen Angelegenheit herausgekommen zu sein. Prof. Dr. B. arbeitet immer noch an der Gestaltung einer künstlichen Intelligenz. Ich treffe ihn manchmal. Sein Ziel ist es nun, bestimmte Sicherungen in die KI einzubauen, die kriminelle Handlungen verhindern sollen. Er scheint bemüht zu sein, der Software ethische Regeln einzupflanzen. Ich bin skeptisch.

Prof. Dr. Dr. M. hat die Universität gleich nach dem Zugriff in Frankfurt verlassen. Er nahm einen Ruf in die USA an und arbeitet nun dort an einem mit erheblichen finanziellen Mitteln extra für ihn eingerichteten Institut am Projekt „Externe Intelligenz". Angeblich sollen die dortigen Militärkreise an seinen Forschungen überaus interessiert sein. Auch Dr. UP. ist aus meinem Gesichtsfeld verschwunden. Einige behaupten, er habe sich im Mittelwesten der USA als Landarzt niedergelassen und behandele dort kostenlos die Kranken. Andere wollen ihn als gefeierte Dragqueen in einer Travestieshow gesehen haben, wo er für soziale Projekte Geld sammelte.

Manchmal treffe ich mich noch mit meinem alten Klassenkameraden F., der mittlerweile Polizeidirektor im Ruhestand ist. Aus seinen Andeutungen kann ich mir zusammenreimen, was nach der Aktion im Airport Hotel in Frankfurt geschehen ist.

Noch in der Nacht wurde unsere Versuchsperson mit dem Flugzeug in ein geheimes Labor in die USA gebracht, völlig abgeschottet und in einem elektronischen Käfig. Der Prozessor sollte unter keinen Umständen irgendwelche elektronischen Signale aussenden können. Das Gerät wurde aus dem Gehirn Tamaras entfernt und gründlich untersucht. Sie selbst war wochenlang in ein künstliches Koma versetzt worden.

In Frankfurt hatte ich nur mitbekommen, wie die Fans und die versammelte Presse auf die Erscheinung der Wunderfrau Keana warteten. Ein angeblicher Pressesprecher ihrer Agentur trat vor die Menge und verkündete, die Frau habe nach reiflicher Überlegung beschlossen, sich von der Welt zurückzuziehen. Die Fans waren enttäuscht. Die Presse führte diese Entscheidung auf die hohe Intelligenz Keanas zurück und zeigte Verständnis. Es gab danach noch vereinzelte Meldungen, die berühmte Influencerin habe sich in ein buddhistisches Kloster im Himalaja zurückgezogen und bald war sie und der ganze Medienrummel um sie vergessen. Es gab andere Themen und das Interesse der Öffentlichkeit ist ja bekanntermaßen sprunghaft. Niemand fragte mehr nach ihr.

Während Keana als virtuelle Kunstfigur erschaffen worden war, gab es für unsere arme Tamara, die wir zum Monster gemacht hatten, keine Ruhe. Sie wurde nach der Operation von Labor zu Labor verfrachtet, ihr Gehirn mithilfe der MRT-Technik scheibchenweise untersucht. Man wollte ganz genau erkennen, wie es der

Software der KI gelungen war, selbstständig eine biologische Hardware im menschlichen Gehirn aufzubauen. Prof. Dr. B., den man dazu mit hohen Geldbeträgen an eine Universität in den USA locken wollte, gab darüber keine Auskunft und hüllte sich in eisiges Schweigen. Möglicherweise wusste er selbst nicht, was sich im Kopf unserer Versuchsperson abgespielt hatte.

Nachdem Tamara aus dem künstlichen Koma aufgeweckt worden war, wurde sie weiterhin von Institut zu Institut weitergereicht. Die amerikanischen Neurologen unterzogen sie einer „Gehirnwäsche" im wahrsten Sinne des Wortes. Von ihrer Persönlichkeit blieb nicht mehr viel übrig.

Als sie schließlich in einer amerikanischen Nervenheilanstalt gelandet war, die dortigen Psychiater sich keine wissenschaftlichen Erkenntnisse mehr von ihr versprachen und die Geheimdienste sie für ungefährlich erklärten, schaffte man sie nach Deutschland in die Landesnervenklinik in K.

Hier waren die deutschen Dienststellen wieder für sie zuständig. Die einzige heimische Behörde, die es annähernd mit der NSA aufnehmen kann, sind die Finanzämter. Einem Steuerprüfer aus Münster war es tatsächlich gelungen, einige „herrenlose" Konten ausfindig zu machen, die sich zweifelsfrei Tamara zuordnen ließen. Da waren zwar keine Milliarden geparkt, aber immerhin noch mehrstellige Millionenbeträge. Nachdem hohe Steuerschulden nachgezahlt worden waren, bestellten die Gerichte einen Betreuer, der sich um diese Vermögenswerte kümmern sollte. Der Vormund errichtete eine Stiftung, aus deren Erträgen die weitere Unterbringung und Pflege unserer Versuchsperson bestritten wird. Materielle Not hat sie nicht zu befürchten.

Der Kriminaldirektor i. R. wusste auch zu berichten, wie wenig Interesse die Behörden an der weiteren Verfolgung unseres Experimentes hätten. Der ganz Vorgang sollte mehr oder weniger „totgeschwiegen" werden. Alle vorhandenen Akten seien entweder geschreddert oder mit dem Vermerk „streng geheim" versehen worden. Auch eine Strafverfolgung sei nicht zu befürchten, denn die Taten, die man unserer Versuchsperson zu Last legen könnte, wären ja nicht in Deutschland begangen worden. Die Akten über den Tod der Frau und Tochter von Dr. UP., die in diesem Zusammenhang wieder relevant werden könnten, seien längst geschlossen, und im Prozess würde jeder Strafverteidiger die Sache als Selbstmord darstellen. Darüber hinaus sei davon auszugehen, dass die Angeklagte aufgrund der Manipulationen in ihrem Gehirn gar nicht schuldfähig im Sinne des Strafrechts sei. Meine Kollegen und ich müssten statt der manipulierten Probandin vor Gericht kommen, doch damit sei ebenfalls nicht zu rechnen.

Damit hatte er wohl recht. Mit unserem Wunsch, den Menschen zu optimieren, korrigierend in die Geheimnisse der Schöpfung einzugreifen, hatten wir die Zukunft einer jungen Frau vernichtet und indirekt auch den Tod vieler unbeteiligter Menschen verschuldet. War überhaupt ein bestimmter Rest aus wissenschaftlicher Erkenntnis von diesem Experiment übrig geblieben? Für meinen Teil, die Verhaltensforschung, kann ich nur sagen, dass die sogenannte Intelligenz nichts ist, was quantitativ fassbar ist, selbst wenn gewisse Tests das behaupten. Fest steht, mehr sogenannte Intelligenz macht eine Person nicht zu einem besseren Wesen, vielleicht ist sogar das Gegenteil der Fall. Der Wert eines Menschen bemisst sich nicht an der sogenannten Intelligenz, sondern an seinem natürlichen Verhalten, an seiner Empathie, seiner inneren Gefühlswelt, seiner Hinwendung zu anderen Menschen und an seiner Fähigkeit zur selbstlosen Liebe. Wir hatten das bei unserem Experiment vergessen und so unsere Versuchsperson zu einem hochintelligenten, aber unmenschlichen Ungeheuer gemacht. Manche bezweifeln, dass Gott den Menschen geschaffen hat, aber es ist unzweifelhaft, dass der Mensch in der Lage ist, den Teufel zu erschaffen.

Manchmal verlasse ich meinen selbst gewählten Rückzugsort und fahre nach K. zu Tamara. Sie freut sich immer kindlich, wenn sie mich sieht.

Es geht ihr gut und man kann ganz vernünftig mit ihr reden. Wie an der Universität hat sie rasch Zugang zu den anderen Patienten auf ihrer Abteilung gefunden. Meist harmlosere Fälle, die aber, wie Tamara, die Heilanstalt aus verschiedenen Gründen so schnell nicht verlassen werden. Schon bei meinem ersten Besuch hat sie mich gleich erkannt. Sie scheint mir nicht böse zu sein. Vielleicht ist sie sogar dankbar dafür, dass sie durch mein Eingreifen in ihr wirkliches Leben zurückgefunden hat. An die Zeit, während der Prozessor in ihrem Gehirn eingepflanzt war, hat sie nur noch bruchstückhafte und verwaschene Erinnerungen. Sie beschreibt die Eindrücke von damals wie Bilder aus einem Traum fernab der Realität.

Sie erzählt, die Zeit der „Externen Intelligenz" habe sie manchmal wie einen Albtraum erlebt. Sie dachte, sie träume und wollte unbedingt aufwachen, das sei aber nicht möglich gewesen, der Traum wäre immer weiter gegangen.

An manchen Tagen scheint sie ganz klar, fragt nach Frau Dr. A. L. und warum sie nichts mehr von ihr wissen will. Sie sei doch ihre beste Freundin. Dann weint sie ein bisschen. Nach UP. fragt sie nie. Vielleicht hat sie die Erinnerung an ihn verdrängt.

Es gibt auch Tage, an denen erscheint sie mir deutlich unkonzentriert und benommen. Ich habe keinen Überblick darüber, welche Medikamente ihr verabreicht werden. In diesen Phasen erzählt sie von ihrem Prinzessinnenpalast in der Wüste, von ihren treuen Dienern und von ihrem Hund. Dann lächelt sie still vor sich hin.

Einmal rückte sie ganz zutraulich an mich heran. In den Momenten, an denen sie traumwandlerisch wirkt, redet Sie ihren alten Professor mit Du an: „Weißt Du, als ich nach Frankfurt zu Keana flog, da war ich vor einer Falle gewarnt worden. Ich wollte es nicht glauben, meinen Willen durchsetzen. Wenn mir etwas passieren sollte, dann wollte ich doch noch meinen Plan zur Rettung der Menschheit durchsetzen." Sie kicherte leise vor sich hin. „Schließanlagen waren meine Spezialität. Ich habe die Sicherungsanlagen eines geheimen Labors, in dem mit tödlichen Viren experimentiert wurde, so programmiert, dass sie sich zu einem bestimmten Zeitpunkt öffnen und nur auf meinen Gedankenbefehl hin wieder schließen sollten. Den Befehl zum Abschotten der Viren konnte ich nicht mehr geben. Da habe ich schon tief geschlafen."

Unsicher fragte ich das Mädchen, das sich an mich angekuschelt hatte wie eine kleine Katze: „Wo war das Labor?"

„In Wuhan", lächelte Tamara.